보고 듣고
말하는

호락호락
한국사

보고 듣고 말하는 호락호락 한국사
❹ 고려 시대

1판 3쇄 발행   2022년 9월 20일

글쓴이	문원림
기획	호락호락 역사 기획단
그림	김규준
캐릭터	윤소
감수	이익주
펴낸이	이경민
편집	최정미, 박재언
디자인	문지현
녹음	헤마 스튜디오
펴낸곳	(주)동아엠앤비
출판등록	2014년 3월 28일(제25100-2014-000025호)
주소	(03737) 서울특별시 서대문구 충정로 35-17 인촌빌딩 1층
홈페이지	www.moongchibooks.com
전화	(편집) 02-392-6903 (마케팅) 02-392-6900
팩스	02-392-6902
전자우편	damnb0401@naver.com
SNS	🅕 🅞 🅑🅛🅞🅖

ISBN 979-11-88704-23-1 74900
      979-11-87336-43-3(세트)

뭉치 도서출판 뭉치는 ㈜동아엠앤비의 어린이 출판 브랜드로, 아이들의 지식을 단단하게 만들어주고, 아이들의 창의력과
사고력을 키워주어 우리 자녀들이 융합형 창의 사고뭉치로 성장할 수 있도록 좋은 책을 만들겠습니다.

보고 듣고 말하는 호락호락 한국사

④ 고려 시대

문원림 글 | 김규준 그림 | 이익주 감수

뭉치
MoongChi Books

눈으로 한 번, 귀로 한 번, 역사에 흠뻑 빠져 봐!

『호락호락 한국사』를 좋아하는 친구들, 안녕!

나는 무엇으로도 변신 가능한 이 책의 모든 이야기꾼이야. 그런데 말이야, 친구들이 각 장마다 등장하는 이야기꾼들에게 관심이 많다며? 그렇다면 친절한 내가 주인공들을 소개 안 할 수 없지!

다시 삼국으로 나뉘어 혼란한 시대를 맞은 후삼국은 호족의 아들인 금강이 나와서 이야기할 거야. 호족들의 힘을 빌려야만 새 나라를 세우고 안정시킬 수 있었기 때문에 이들은 후삼국 시대의 강자였단다. 그래서 호족의 아들을 이야기꾼으로 세워 그들만의 솔직한 이야기를 들으려 했지.

그리고 흩어진 힘을 모아 다시 하나가 된 고려는 바닷길로 무역을 하며 번영을 누린 나라여서 배를 이야기꾼으로 내보냈어. 고려를 세운 왕건은 36미터가 넘는 거대 함선을 만들 정도로 힘이 센 해상 세력이었대. 이 정도면 500년 뒤 아메리카를 발견한 콜럼버스의 배보다 훨씬 훌륭했다더라, 놀랍지? 그래서 고려라고 하면 튼튼하고 아름다운 배가 떠오르는 거야.

강력하기로 소문난 요나라를 물리치며 고려는 전성기를 맞았는데 아쉽게도 얼마 뒤 여진족, 몽골족, 홍건적과 왜구의 잇따른 침략을 받으며 서서히 기울어 갔단다. 마치 배 밑바닥에 구멍이 뚫려 천천히 물이 차올라 침몰하듯이……. 이 이야기는 몽골을 물리친 김윤후 장군이 맡았는데 이야기가 긴 데다 슬픈 장면도 많아 아주 힘들어하셨지.

고려의 유명한 문화재가 뭐냐고 물으면 어린 친구들도 청자! 라고 하더라? 그래서 도자기의 원료인 고령토에게 문화재를 소개하라고 했어. 흙이 무슨 말을 하느냐고? 으음,『호락호락 한국사』에선 뭐든 가능하단 걸 너희들도 이미 알고 있잖아! 그리고 이건 보통 흙이 아닌 몇백 년도 끄떡없는 도자기를 만드는 명품 흙이란다~. 고령토가 이끄는 대로 문화재를 구경하다 보면 왜 고려가 국제적인 이름을 얻었는지 알게 될 거야.

금강이, 배, 김윤후 장군, 고령토가 전하는 고려 이야기에 흠뻑 빠져 보렴. 눈으로 한 번, 귀로 한 번 그리고 호락호락 토론방에서 그렇군과 딴지양을 만나 또 한 번! 이렇게 고려 이야기를 나누다 보면 잘 몰랐던 고려가 선명하게 너희들 마음속으로 들어올 거라 믿어.

다음에도 시대에 딱 어울리는 이야기꾼들을 데려와 조선을 들려줄게, 기다려!

Come back soon~!

햇빛 부서지는 겨울 창가에서
역사 이야기꾼이

3장 고려는 다른 나라의 침략을 많이 받았지
김윤후가 들려주는 고려 이야기

4장 고려 문화재는 세계적인 명품이야
고령토가 들려주는 고려 문화재 이야기

900년
후백제 건국

901년
후고구려 건국

918년
고려 건국

927년
공산 전투

930년
고창 전투

935년
백제 견훤, 신라 경순왕 투항

936년
후백제 멸망

1장

다시
삼국이
되고 말았어

위에 있는 분은 우리 아버지셔. 나는 아들인 금강이라고 해.
후삼국 시대에 등장한 우리 아버지 같은 분을 호족이라 부르더라?
호족은 땅과 군사를 가진 힘 있는 사람들이었어.
견훤과 궁예, 왕건도 호족이라고 하던걸?
호족 중에서도 세력이 아주 크고 강한 사람들이라 나라를 세웠지.
그들의 이야기가 궁금하면 나를 따라와.
아버지와 우리 형님들이 들려주신 이야기를 해 줄게.

호족이 들려주는 후삼국 시대 이야기

『호락호락 한국사』를 읽는 친구들이라 했니? 나는 후삼국 시대에 등장하는 호족의 아들이야. 이름은 금강이지. 우리 아버지가 석굴암의 부처님을 지키는 금강역사처럼 강인한 인물이 되라고 지어 주신 이름이야. 그래서 내가 금강역사처럼 생겼냐고? 아~니! 약골로 태어난 막내란다. 하지만 형제들 중에서 내가 기억력이 제일 좋고 이야기도 잘하기 때문에 호족의 대표로 나왔어. 아~ 호족이 무엇인지 고개를 갸웃거리는 친구들을 위해 설명을 좀 해야겠구나.

신라가 서라벌의 진골들만을 위한 세상으로 변해갈 때, 지방의 힘깨나 있는 사람들은 불만이 커져 갔어. 땅과 군사를 지녔기 때문에 점점 무능해지는 신라에 대항할 힘이 있었지. 그래서 세금을 거두려는 신라군을 물리치고 직접 백성들에게 세금을 거두면서 고을의 왕처럼 행세했어. 세상은 이런 사람들을 호족이라 불렀지.

이 호족들이 강력하게 맞서서 세금조차 거둘 수 없었던 신라는 새로운 강자가 나타나면 그 자리를 내주어야 할 만큼 궁지에 몰렸어.

우리 형님들이 그러는데 나라는 그야말로 **무주공산**! 호랑이 없는 산속에 여우가 설치듯이 주인 없는 세상에 호족들이 서로 으르렁대는 꼴이라던걸? 정말, 몇몇 강자들은 서로 한반도의 주인이 되겠다고 용맹

과 지략을 펼치기 시작했는데 그들은 이미 사라진 줄 알았던 후고구려와 후백제의 이름을 내걸고 싸우더라. 그래서 이 시대를 후삼국 시대라 한다며? 그래, 다시 삼국으로 갈라지고 만 거야.

후백제를 세운 견훤

가장 먼저 나라를 세운 사람은 견훤이었어. 견훤은 타고난 호족은 아니었지만 뛰어난 능력으로 호족이 됐기 때문에 누구보다도 영웅답다고 하더라. 아버지가 문경의 농사꾼이었으니 산골 촌놈 아니냐며 비웃는 사람들도 있던데 태어날 때부터 비범했다던걸? 뭐, 한 시대를 주름잡던 위인들에게는 믿기 힘든 이야기들이 한둘쯤은 있기 마련이지. 나는 그런 이야기들이 참 재미있더라? 내가 들은 견훤의 어릴 적 이야기 하나 들려줄게.

견훤의 아버지가 밭을 갈고 있을 때 아내가 들밥을 내가느라고 젖먹이 견훤을 풀숲에 내려놓았대. 그런데 그 풀숲에 호랑이 한 마리가 어슬렁거리며 다가오더라나? 으이쿠! 이제 끔찍한 일이 벌어지겠거니 했는데 웬걸, 아이를 집어삼킨 것이 아니라 제 젖을 어린 견

훤에게 먹였다는 거야. 와아~ 믿기 힘들지만 호랑이도 영웅을 알아봤단 얘기지.

그나저나 호랑이 젖을 먹어선지 견훤은 체격이 크고, 용맹하고, 지략도 뛰어났대. 활도 잘 쏘고 말도 잘 탔는데 자기가 쏜 화살보다 먼저 달려가 과녁 한가운데를 맞히나, 못 맞히나 확인까지 했다던걸!

견훤은 15세에 군인이 되어 해안가를 지키게 됐는데 창을 베고 잠들 정도로 성실했대. 체격도 좋고 실력도 좋은데다 성실하기까지 하니 금방 **비장**이 되었지. 이건 졸병에서 청년 장교로 벼락같이 승진한 거라며 형님들이 혀를 내둘렀어.

해안가에 시도 때도 없이 출몰하는 해적을 물리치면서 힘을 키운 견훤은 서서히 야망을 키워 나갔대. 당나라로 오가는 유학생과 유학승도 만나면서 국제 정세에 귀를 기울이고, 서라벌의 화려함 뒤에 감춰진 백성의 피눈물도 허투루 보지 않았다나? 그래서 백성들의 마음이 이미 신라를 떠났다는 것을 알고 새로운 세상을 열려는 꿈을 키웠던 거라더라.

그런데도 왕과 신하들은 서라벌에 기와집이 즐비하고 노랫소리가 끊이질 않으니 태평성대가 따로 없다는 허튼 소리나 하고 있었다지 뭐야? 자신들은 등 따습고 배부르니 백성들의 고통이 느껴지질 않았겠지. '신라촌락문서'를 보면 귀족들의 지나친 풍요와 사치는 백성들의 땀과 눈물로 이뤄진 거라는 생각이 들어.

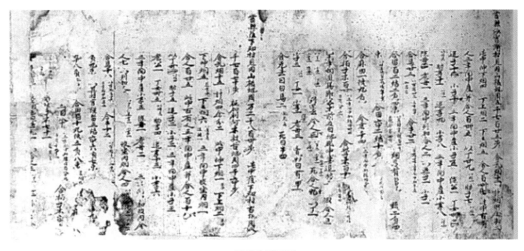

신라촌락문서

신라촌락문서는 3년마다 호구 조사를 하고 논과 밭, 가축의 수, 뽕나무와 잣나무 수까지 일일이 조사하여 낱낱이 세금을 매긴 문서야. 빈틈없이 나라의 운영이 잘 이루어졌다고 볼 수도 있지만 우리 아버지는 저 문서에 매여 옴짝달싹 못 하는 신라의 가여운 백성들이 보이는 것 같다고 하셨어. 왜냐하면 태평성대일 때는 그나마 괜찮지만 흉년이 들거나 굶게 되어도 세금은 꼬박꼬박 내야 하기 때문이래. 백성들의 고통이 이루 말할 수 없이 커져서 신라를 지키고자 하는 마음은 오래전에 사라져 버렸을 거라고 하시더라.

견훤은 이런 사태를 눈여겨보다가 부하들을 이끌고 무진주(전라도 광주)를 점령해 버렸지. 반란을 일으킨 거야! 그런데 견훤의 군대가 백성의 목숨과 재산이나 빼앗는 여느 도적떼와는 다르다는 것을 안 백성들은 열렬히 환영했대. 백성들 마음을 확인한 견훤은 옛 백제 지역인 완산주(전주)에 도읍지를 정하고 나라 이름도 '후백제'라고 했어. 견훤은 풍요로운 땅에서 막강한 군대를 거느린 진짜 왕이 되었던 거야.

후삼국 시대

이제 신라에게 차별 대우를 받던 옛 백제인들은 다시 뭉쳤어. 그리고 후백제를 일으킨다는 희망이 생기자 빠르게 나라의 모양새를 갖춰 갔지. 백성들의 지지를 받은 견훤은 스스로 대왕이라고 부르며 자주적인 나라를 세웠다는 걸 세상에 알렸어.

농사짓는 어려움을 잘 알았던 견훤은 무거운 세금도, 지나친 수탈도 막았을 뿐만 아니라 병사들이 직접 농사를 지어 군비를 해결하게 만들었지. 외국과 교류하는 해안가에서 활약했기 때문에 국제 정세에도 밝아 재빨리 중국, 일본 등 여러 나라와 국교도 맺었어. 국제적인 인정을 받으면 나라의 위상이 달라진다는 걸 잘 알았기 때문이야. 그런데 그 사이 막강한 맞수가 등장했어. 애꾸눈이었지만 신라의 왕자라는 궁예가 후고구려를 세웠거든.

후고구려를 세운 궁예

궁예는 신라의 버림받은 왕자라고들 했지. 경문왕의 서자라는 소문이 떠돌았어. 앞날의 운을 내다보는 신하가 궁예는 태어난 날도 불길하고 날 때부터 이가 난 것도 께름칙하다고 말했대. 게다가 태어날 때 지붕에 흰빛까지 서려, 나라를 해롭게 할 아이니 없애야 한다고 했다나? 그래서 아이를 높은 곳에서 떨어뜨렸는데 시녀가 치마폭으로 받다가 아뿔싸! 눈을 찔러 애꾸가 되고 말았대. 궁예는 신라의 왕자로 태어났지만 죽을 운명에 처했던 가여운 왕자였던 거지.

시녀는 아이와 함께 꽁꽁 숨어 살았는데 어린 시절 궁예는 어찌나 개구쟁이였던지 도통 철이 들지 않더래. 답답했던 시녀는 궁예를 앉혀 놓고 출생의 비밀을 털어놓았더란다. 기구한 운명을 알게 된 궁예는 그 길로 절에 들어가 스님이 되었어. 신분을 숨기고 살기에는 절만한 곳이 없었던 데다 버림받은 슬픔을 부처님 품에서 이겨내려 했는지도 모르지.

어느 날 스님이 된 궁예가 불공을 드리러 가는데 까마귀 한 마리가 쫓아오더니 궁예가 들고 가던 그릇에 무언가를 떨어뜨리고 날아가더라는 거야. 무엇인지 꺼내 보니 임금 왕(王) 자가 새겨진 막대였다나? 크~ 왕이 될 운명을 타고났다는 이야기지.

그길로 궁예는 절간을 뛰쳐나와 강원도 지역의 호족인 양길의 부하로 들어갔어. 어지러운 세상이 되자 절도 더 이상 안전한 곳이 아니었거든. 폭정으로 성난 백성들은 절간을 습격하고 금불상을 훔쳐서 주린 배를 채우는 시절이었으니까.

양길은 궁예를 반기면서 덥석 군대까지 내어주었어. 군대를 얻은 궁예는 물고기가 물을 만난 듯 거침없이 땅을 넓혀 나갔지. 이렇게 승승장구할 수 있었던 건 궁예가 전쟁터에서 군사들과 함께 먹고 함께 자며 한 가족처럼 지냈기 때문이래. 상과 벌을 줄 때도 공정하고 전리품도 고루고루 나눠 주어 군사들이 궁예의 말이라면 섶을 지고 불속이라도 들어갈 만큼 믿고 따랐다던걸? 게다가 궁예는 백성을 잘 돌보며 피해를 주지 않는 군대는 미륵불이 구원할 거라고 가르쳤대. 중생을 다 구해 주신다는 미륵불은 모든 사람들이 믿고 의지하는 부처님이었거든. 그래서였나, 궁예의 군대는 가는 곳마다 승리했고 군율을 잘 지켜 백성들에게도 인기가 높았단다.

궁예의 이름이 드높아지자 송악(개성)의 부자였던 용건이라는 호족이 궁예의 신하가 되겠다고 했어. 자신의 아들을 성주로 인정해달라면서 말이야. 궁예는 흔쾌히 허락하고 송악을 도읍지로 삼아 후고구려를 세웠지. 송악은 서해와 가까워 교역에도 유리하고 아늑한 곳이라 한 나라의 도읍지로는 딱! 이었거든.

궁예는 청년 장수였던 왕건을 무척 아꼈는데 정복 전쟁을 펼쳐 후고구려의 땅을 넓혀 갔기 때문이야. 그중에서도 나주를 점령한 것은

후삼국 시대

놀라운 일이었어. 나주는 후백제의 후방으로 중국으로 가는 항구가 있어서 아주 중요한 곳이었는데, 그곳을 후고구려 땅으로 만들었거든. 나주를 빼앗긴 견훤은 등골이 오싹했을걸?

후고구려가 삼국 중에서 가장 넓은 땅을 차지하자 궁예는 전쟁을 부하들에게 맡기고 나랏일과 외교에 힘을 쏟았어. 그리고 나라의 이름을 여러 번 바꿨는데, 사람들은 이것을 두고 궁예가 변덕스럽다고 흉을 봤지. 하지만 우리 아버지는 궁예가 나라 이름을 목표에 따라 잘 짓는다고 감탄하셨어. 마진은 대동방국이라는 뜻으로 동방의 큰 나라라는 뜻이래. 이 이름은 삼국을 아우르겠다는 목표가 뚜렷한 이

후고구려의 나주 점령

름이라며 큰 인물답다고 하셨지.

　그리고 힘을 가진 호족을 견제하며 혈연보다는 능력 위주로 관직을 주는 제도를 만들었어. 그러자 형님들은 궁예가 삼국을 다시 통일하면 우리 같은 호족에게 특혜를 주지 않을 거 같다며 이 제도는 싫다더라고. 그러면서 한반도 곳곳에 호족이 별처럼 널렸는데 그들을 무시하다간 큰 코 다칠 거라며 툴툴댔지. 호족 중엔 아버지를 잘 둔 덕분에 세력을 가진 사람들이 많아서 궁예가 호족들을 견제하고 능력을 더 중시하는 제도를 만들자 영 못마땅하게 여겼거든.

　궁예는 잘 따르지 않는 옛 고구려 지역의 호족들이 미웠던지 철원으로 도읍지를 옮겨버렸어. 그리고 나라 이름을 태봉으로 바꿨는데, 이상적인 낙원이라는 뜻이야. 궁예 자신이 미륵불이 되어 낙원을 세우겠다고 했는데 그건 중생을 다 구해 주신다는 미륵불을 모든 사람들이 믿고 의지하고 있었기 때문이었어.

　그런데 궁예가 진짜 미륵불이라도 된 듯 금색 고깔을 쓰고 화려하게 치장한 백마를 타고는 어린아이들에게 향과 꽃을 받들고 따르게 하더라. 그리고 2백 명이 넘는 승려들도 부처님 덕을 찬양하는 노래를 부르며 뒤를 따랐는데 어휴~ 진짜 요란하던걸?

　게다가 궁궐을 화려하게 다시 지었는데 그 뒷감당을 하느라 백성들의 속이 새까맣게 타들어 가는데도 아랑곳하지 않았어. 지나친 세금과 부역에 시달려 여기저기서 원망의 소리가 들려오기 시작했지. 이뿐만이 아냐. 자신을 내친 신라에 대한 미움은 또 얼마나 컸던지 항복하는 신라인까지 용서하지 않고 죽였어. 그리고 마음을 들여다

본다는 관심법으로도 무고한 사람들을 죄인으로 몰아 참 많이도 죽였다더구나. 폭정을 말리던 왕후와 두 아들까지 죽이는 끔찍한 일도 저질렀대. 에휴~ 그 옛날 백성을 어루만지고 공명정대하던 임금은 어디로 사라진 걸까?

결국 정변이 일어나 궁예를 지켜야 할 호위무사들이 왕건을 임금으로 세우는 일이 벌어졌는데, 수많은 사람들이 환영했다더라. 궁예는 왕건이 궁으로 오고 있다는 소리를 듣고는 급하게 궁을 빠져 나왔지만 어디로 가겠어? 변변한 호위군사도 없이 철원의 산골짜기를 헤매다 배고픔에 보리이삭을 훔쳐 먹었는데, 그만 백성들에게 들켜서 죽임을 당하고 말았대.

평화로운 세상을 열겠다던 궁예가 자기 나라 땅의 보리이삭을 훔쳐 먹다가 백성들에게 죽임을 당할 줄이야……. 너무 비참하다! 하지만 나는 이 이야기가 다 믿기진 않아. 왜냐하면 궁예를 죽이고 왕건을 임금으로 받든 사람들이 남긴 이야기니까.

고려를 세운 왕건

궁예를 내쫓고 고려를 세운 왕건은 출생부터가 남달랐어. 해상 무역으로 돈을 많이 번 송악의 부잣집 아들로 태어났거든. 태어나던 날 신령스런 빛이 용의 모습을 하고 왕건의 집을 온종일 비추고 있었다나? 용이라면 왕을 뜻하는 상서로운 동물이니까 왕건도 왕이 될 운명을 타고났다는 이야기지. 뭐? 이제 알에서 태어나는 영웅은 안 나오냐고? 에이, 백성들이 그 말을 믿겠어? 건국 영웅을 신비스럽게 만드는 이야기도 시대에 따라 조금씩 바뀌는 거야.

용의 기운을 받고 태어나서 그런지 왕건은 용의 얼굴에 총명한데다 기개까지 뛰어났대. 농사꾼의 아들인 견훤이나 버림받은 왕자인 궁예보다 훨씬 좋은 환경에서 태어난 왕건은 스무 살부터 송악의 호족이 되었어. 아버지인 용건이 궁예의 부하로 들어가면서 자신의 아들을 성주로 삼아 줄 것을 부탁했잖아? 20여 년 뒤 왕위를 빼앗길 것을 미리 알았더라면 궁예는 절대, 절대 그렇게 하지 않았을 텐데…….

왕건은 아버지 덕분에 견훤이나 궁예보다 시작이 훨씬 빠르고 유리했어. 아버지가 물려준 해상 세력으로 보기 좋게 나주를 점령해서 궁예의 신임을 단단히 얻을 수 있었거든. 100여 척의 함선을 몰고 나주로 들이닥쳤는데 그중 10여 척의 배는 길이가 30미터가 넘는 전투함이었대. 왕건의 집안은 우리 아버지 같이 작은 고을을 다스리는 호족이 아니라 대단한 재산을 가진 호족이었던 거야. 그래서 우리 형님들은 왕건 이야기를 할 때마다 한숨을 쉬며 부러워했단다. 우리와는 급이 다른 호족이었으니까.

나라가 점점 커지자 궁예는 자신이 미륵불이라면서 폭정을 일삼고 관심법으로 신하들을 의심하며 참 많이도 죽였다고 했잖아? 왕건에게도 위험한 순간이 있었다는데, 들어 봐.

하루는 궁예가 왕건을 뚫어져라 보더니 이렇게 말했대.

"어젯밤 그대가 반역을 꾀했다면서?"

왕건은 화들짝 놀랐지만 공손히 대답했지.

"그럴 리가 있겠습니까?"

그러자 궁예는 눈을 감으면 다 보인다면서 왕건을 노려봤대. 사람의 마음이 다 보인다는 그 유명한 관심법으로 왕건을 떠보려 했던 거야. 왕건은 이럴 수도 저럴 수도 없는 함정에 빠진 꼴이 되었지. 그러자 보다 못한 궁예의 신하인 최응이 일부러 붓을 떨어뜨려 줍는 척하면서 왕건에게 귀띔했대.

"그렇다고 하십시오. 목숨이 위태롭습니다."

완강하게 결백함을 주장하는 것이 오히려 궁예의 심기를 건드리는 일이니 살려면 복종하라는 충고였지. 왕건은 죽을죄를 지었으니 한 번만 살려달라고 납작 엎드렸다지? 그제야 궁예는 껄껄 웃으며 너그럽게 용서할 테니 다시는 두 마음을 품지 말라고 했다더라.

나라의 영토를 크게 넓혔는데도 의심을 받게 되자 왕건은 불안했을 거야. 언제 또 그런 위기가 닥칠지 알 수 없으니까. 그러던 중에 궁예의 폭정에 두려움과 불만을 가진 사람들이 많아졌고, 궁예를 가까이서 모시던 신하들도 왕건을 새 임금으로 세우려 했지. 왕을 배반할 수 없다고 버티던 왕건은 마지못해 승낙했는데, 그 소리를 듣자마자 1만의 무리가 왕건의 뒤를 따랐다나? 백성들의 마음이 이미 왕건에게 가 있었단 뜻이지.

후삼국 시대 최후의 승자

918년 왕건은 나라 이름을 고려라 했어. 그리고 이듬해 자신의 세력이 있는 송악으로 돌아와 다시 도읍지로 삼고 왕의 위엄을 보이려고 노력했지. 궁예가 이루어 놓은 왕국을 고스란히 물려받아서 나라를 새로 세우는 것만큼 어렵지는 않았을 거야. 하지만 호랑이의 기질을 타고난 데다 지략까지 갖춘 견훤과의 전쟁이 기다리고 있었기 때문에 몹시 긴장했을걸? 바람결에 빗질하고 강물에 몸을 씻으며 일생을 전쟁터에서 보냈다는 견훤은 아주 힘겨운 상대였거든.

후삼국의 관계는 이제 고려와 후백제의 팽팽한 대결로 좁혀졌어.

궁예와는 달리 신라와 원수질 게 없었던 고려의 왕건은 신라에게 아주 우호적이었으니까. 신라도 궁예가 사라진 고려와 친하게 지내려고 했어. 호족들도 견훤과 왕건을 저울질하며 누가 진짜 한반도의 승자가 될 것인지 촉각을 곤두세웠지. 우리 아버지도 누가 마지막 승자가 될지 그게 늘 궁금하다고 하셨어. 왜냐하면 누구 편을 드느냐에 따라 우리 고을의 운명이 결정되기 때문이야.

왕건은 적극적으로 호족을 자기편으로 끌어들였어. 고려 주변에 있던 호족들은 고려에 속속 힘을 보탰지. 왕건이 신하가 되는 사람들을 잘 대접한다는 소문이 나서인지 거란에게 망한 발해의 유민들도 고려로 들어왔어. 하긴 발해나 고려나 고구려를 이어받은 나라이

니 당연한 건지도 모르지. 왕건은 발해를 한집안이라면서 몹시 반겼어. 이렇게 고려의 세력이 커지자 싸움을 잘하는 견훤도 주춤하던 걸? 고려와 후백제 두 나라가 얼마 동안은 서로 인질을 교환하며 평화롭게 지냈으니까. 그러나 서서히 진짜 한반도의 주인을 가려낼 날은 다가오고 있었지.

드디어 고려에 와 있던 후백제의 인질이 갑자기 죽자 그걸 핑계 삼아 전쟁이 벌어졌어. 초반의 전투에선 역시 호랑이의 기개를 타고난 견훤이 늘 이겼지. 전투에서 밀릴 때마다 왕건은 고민이 깊어졌을 거야. 전세를 뒤엎을 묘책도 없이 밀리기만 했거든. 그런데 왕건이 후삼국 시대 최후의 승자가 될 사건들이 일어나기 시작했어!

신라를 원수로 여겼던 궁예가 죽자 신라는 대놓고 고려 편에 섰는데 견훤은 이것을 아주 괘씸하게 생각했지. 그래서 서라벌로 쳐들어가 경애왕에게 온갖 모욕을 안긴 다음 스스로 죽게 만들었어. 그뿐만이 아니야, 서라벌을 약탈하여 재물을 잔뜩 챙기고 경순왕을 허수아비 왕으로 세우기까지 했다더라. 이 일로 신라 백성들은 견훤을 두려워하면서도 미워하게 됐지.

의자왕 때의 복수를 마쳤다며 의기양양하게 돌아가던 후백제군은 뒤늦게 신라를 도우러 온 왕건의 군대와 공산성(대구 팔공산)에서 맞닥뜨렸어. 지략이 뛰어났던 후백제군은 마치 쇠 그물로 에워싸듯 고려군을 궁지로 몰아넣었지. 왕건마저 위태로워진 순간, 신숭겸이라는 충신은 왕을 구하기 위해 왕건인 척하며 맞서 싸우다 장렬하게 전사하고 말았대. 그 사이 왕건은 겨우 빠져나와 위기를 벗어났지만 크게 낙심했지. 고려군이 전멸한 데다 아끼던 신하, 신숭겸도 잃어버렸으니 오죽했겠어?

공산 전투는 누가 봐도 왕건의 쓰라린 패배였어. 그 뒤에도 고려는 후백제의 위세에 눌려 승리하지 못했지. 전투력에선 후백제를 따라잡기 힘들다는 이야기도 돌더라고. 그러니 견훤은 이제 세상을 다 얻었다고 생각했을지도 몰라. 그런데 말이야, 세상일은 묘하게도 왕건에게 유리하게 돌아갔지. 한겨울 고창(안동)을 지키고 있던 고려군을 후백제군이 에워싸면서 고려군은 또 다시 위험해졌는데, 주변의 호족들이 왕건에게 힘을 보태면서 전세가 역전됐거든!

왜 호족들이 승승장구하는 견훤 쪽에 서지 않았던 걸까? 그건~ 견훤이 서라벌을 너무 잔혹하게 짓밟아 흉포하다는 소문이 돌아 민심이 돌아섰기 때문이래. 서라벌에서의 만행이 견훤의 발목을 잡았던 거야.

후백제군은 고창 전투에서 전사자만 8000명이 넘는 대참패를 당하고 말았어. 이제 승리는 고려 편이 되었고 후백제는 내리막길을 걷게 되었지. 더 많은 군대와 지략을 지녔으면서도 계속 패배하며 점점 기울어 갔거든.

그러자 눈치만 보던 호족들도 고려에 투항하기 시작했어. 신라의 경순왕도 왕건을 초대해서 눈물을 뿌리며 견훤의 만행을 하소연했지. 서라벌 백성들도 견훤은 호랑이 같은데 왕건은 어버이와 같다며 칭찬을 했고. 민심은 천심이라는데 민심이 왕건에게 돌아섰으니 이제 견훤은 어쩌지?

왕건은 투항하는 호족들을 잘 대접하고 왕 씨 성을 내리기도 했어. 세력이 큰 호족과는 그 딸들과 혼인하여 더 끈끈한 관계를 만들었지. 스무 번이 넘게 혼인을 하는 게 이상했지만 우리 아버지와 형님들은 전쟁만으로 별처럼 널린 호족들을 다 꺾을 수는 없으니 지혜로운 전략이라고 하시더라.

고려는 고구려를 이어받았다는 걸 뚜렷이 밝혔기 때문에 발해의 세자인 대광현이 수만 명을 이끌고 내려와 고려에 힘을 보태 주었어. 반대로 후백제 지역의 호족들이 왕건의 신하가 되면서 후백제 땅은 계속 줄어들고 있었지. 아마 견훤은 속이 바짝바짝 타들어 갔을 거야.

그러던 중 한반도의 운명을 결정지을 사건이 느닷없이 터졌어. 나이가 든 견훤은 위의 세 아들을 제치고 네 번째 아들인 금강을 후계자로 내세웠대. 나랑 이름이 똑같은 아들, 금강은 견훤을 쏙 빼닮은 듯 체격이 크고 지략도 뛰어나 여러 전투에서 견훤을 흡족하게 했다나 봐. 그런데 왕위를 빼앗겼다고 생각한 삼형제가 견훤을 금산사에 가두고 금강을 죽이는 일이 벌어졌어. 그리고 맏아들인 신검이 왕이 되었지. 권력 때문에 아버지를 가두고 형제를 죽이다니, 쯧쯧~ 망할 징조가 보인다, 보여.

아니나 다를까, 3개월을 갇혀 있던 견훤이 왕건에게 투항할 뜻을 비쳤지. 그러자 왕건은 40여 척의 배를 보내 고려로 정중하게 모셔갔어. 그리고 10살 위인 견훤을 **상보**라 부르며 극진히 대접했대. 세상 사람들이 맹렬하게 맞섰던 적이 제 발로 투항해왔으니 왕건은 두 다리 쭉~ 뻗고 자다가도 웃었을 거라더라.

상보
아버지와 같이 높일 만한 사람을 부르는 말이야.

그 소식을 들은 신라의 경순왕도 순순히 나라를 바치기로 했어. 호랑이 같은 견훤마저 투항한 마당에 더 버텨 봐야 아무 소용이 없다는 생각이 들었던 거지. 이제 한반도의 통일은 시간문제였어. 금강에게서 왕위를 빼앗은 신검이 다스리는 후백제는 바람 앞의 등불 같았거든. 신검은 아버지의 뜻을 거슬러 명분이 서지 않았던 데다 견훤이 적국인 고려에서 후한 대접을 받고 있다는 소식에 나라가 아주 뒤숭숭했으니까.

936년 드디어 길다면 긴 40여 년간의 후삼국 시대를 마감할 일리천(경북 구미) 전투가 벌어졌어. 그 마지막 전투에 10만이나 되는 고려군이 승리를 거머쥐기 위해 나섰지. 그런데 전투가 시작되기도 전에 이미 고려군은 이긴 거나 다름없었다더라. 왜냐고? 왕이었던 견훤이 후백제군을 무섭게 노려보고 있으니 무슨 싸움이 되겠냐? 도저히 옛 왕에게 칼을 겨눌 수 없었던 장수들은 무기를 집어 던지고 견훤 앞으로 달려와 무릎을 꿇었다던걸? 이런 판국이니 싸울 의지나 있었겠어? 결국 신검의 부하들은 변변하게 싸워 보지도 못한 채 도망가는 신세가 되었고 삼형제는 다 사로잡히고 말았지.

그런데 칠십 평생을 전장을 누비며 삼국의 통일을 꿈꿨던 견훤은

얼마 뒤 세상을 뜨고 말았어. 스스로 공들여 쌓은 탑을 무너뜨린 허망함 때문에 화병이 났던 거 아닐까? 농사꾼의 아들로 태어나 용맹함과 지략 하나로 나라를 세웠던 걸출한 영웅은 궁예만큼이나 허망한 죽음을 맞고 말았어. 결국 왕건이 한반도의 마지막 승자가 되었지.

이 소식을 들은 우리 아버지는

"이것이 다 하늘의 뜻이던가?"

하시더니 고려의 신하가 되겠다고 하셨어. 구석진 곳에 있던 우리 고을은 큰 전쟁에 시달리지 않다가 고려 백성이 되었지. 우리 고을 사람들은 아버지의 결정을 반겼어. 형님들은 전쟁에 나가 이름을 날릴 기회를 잃었다며 서운해했지만 나는 우리 아버지가 자랑스러워.

전쟁 통에서 가족 같은 우리 고을 사람들을 안전하게 지킨 것이 더 대단하다고 생각하거든. 역사에 남길 이름보다 평화를 더 소중히 여긴 호족도 있었다는 걸 기억해 줘! 자, 40여 년 동안의 후삼국 시대 이야기는 다 끝났으니 그만 돌아가야겠다. 안녕!

토론 주제 : 후삼국 시대의 가장 왕다운 왕은 누굴까?

토론자 : 그렇군 😊 과 딴지양 😊 , 후고구려 아이 달이 😊 와

해궁이 😊 , 후백제 아이 마동이 😊 , 신라 아이 설지 😊

😊 그렇군, 오늘 누가 호락호락 토론방에 오는지 알아? 삼국의 아이들이 나온대.

😊 여기가 "후삼국 시대의 가장 왕다운 왕은 누굴까?"라는 얘기를 나누는 호락호락 토론방이니?

😊 어머, 벌써 왔네? 얘들아, 어서 와!

😊 나는 후고구려에서 온 달이, 이쪽은 우리 오라버니야.

😊 나는 해궁이! 얘들아, 반갑다. 내가 열다섯 살이니 제일 나이가 많은 거 같은데? 그런데 왕건 임금님이 후삼국을 통일했으니 가장 왕다운 왕 아니니?

😊 해궁이~~ 형아, 진짜 왕건 임금이 가장 훌륭한 인물이라서 후삼국을 통일한 건지 나는 그게 궁금해. 그리고 견훤과 궁예도 왕이 된 건 백성들이 지지했기 때문이잖아? 무엇 때문에 백성들이 믿고 따른 건지도 알고 싶어.

헐레벌떡! 얘들아, 나는 후백제에서 온 마동이. 우리 엄마가 마를 팔다가 임금님이 된 사람의 이름을 따서 지었다는데, 누구더라? 먹는 거던데…… . 아, 생각났다. 무왕!

크크크…… 먹는 무가 아니라 무사(武士) 할 때 무(武) 아니니? 무왕 때 백제가 다시 힘이 강해졌잖아. 그래서 무왕이라고 하던데?

야, 너 참 똑똑하다. 나는 글자를 하나도 몰라. 어려서부터 이리저리 떠돌아다니느라 배울 틈도, 가르쳐 줄 사람도 없었어.

어머, 어릴 때부터 떠돌아다녔다고?

응. 아버지가 신라에 부역 나갔다가 영영 돌아오시지 못했어. 그래서 우리 엄마 혼자 농사지어 겨우 입에 풀칠을 하고 살았는데 신라 조정도 세금을 내라고 독촉하고 우리 고을의 호족도 세금을 걷어 가는 거야. 우린 그 놈의 세금을 못 내서 밤도망을 했어. 이 집 저 집 돌아다니면서 동냥을 해서 먹고 살다가 나중엔 동냥질도 어려워서 풀뿌리를 캐어 먹고 살았지.

세상에, 풀뿌리를 먹었다고? 그리고 세금도 이중으로 냈단 말이니?

너희도 그랬구나. 우리 후고구려 지역은 흉년까지 들었는데도 세금은 꼬박꼬박 걷어 갔지. 그래도 어떻게든 견뎌 보려 했는데 도적떼까지 쳐들어오니 더는 견딜 수 없어서 우리 가족은 뿔뿔이 흩어져 버렸어. 달이는 그때 만난 동생이야. 진짜 동생은 아니지만 서로 의지하며 지내고 있지.

늦어서 미안! 나는 신라에서 온 설지야.

설지야, 너는 고생 안 했지? 서라벌은 어마어마하게 잘 산다더라.

아니야. 서라벌의 귀족들이나 잘 살았지, 우리 신라 백성들도 너희와 다를 게 없었어. 가뭄이나 흉년이 들면 자식도 팔고, 굶어 죽기도 했거든. 그래도 너희 후백제 사람들은 다시 뭉쳐서 나라라도 세웠지, 우린 갈수록 쪼그라들고 희망도 없었어.

그래, 견훤이 임금님이 되어 후백제를 다시 세웠을 때 우리 엄마하고 나도 완산주(전주)로 갔거든? 사람들이 덩실덩실 춤을 추며 견훤 임금님을 반기기에 우리도 덩달아 춤을 추며 좋아했어. 그날은 아주 신나는 날이었지!

견훤 임금이 정말 훌륭했어?

그럼! 호랑이처럼 용맹하고 지략도 뛰어나서 싸움마다 승리하고 가장 먼저 나라를 세웠잖아. 나는 우리 견훤 임금님이 우리와 같은 농사꾼이었다는 게 제일 좋아.

견훤은 처음부터 높은 사람이 아니어서 백성들의 마음을 잘 알았다, 뭐 그런 거니?

바로 그거야. 백제군은 먹을 것은 스스로 농사지어 해결했기 때문에 백성들의 곡식을 함부로 빼앗지 않았어. 이게 다 견훤 임금님이 농사짓는 고통을 알고 있었기 때문 아냐?

우리 궁예 임금님도 훌륭했다, 뭐. 백성에게 절대 해를 끼치지 않는 군대를 만들어 가는 곳마다 인기였고 싸움마다 승리했잖

아. 나라는 너희 임금이 먼저 세웠는지 몰라도 땅을 가장 많이 넓힌 건 우리 궁예 임금님이거든!

그럼, 뭐해? 나중엔 정치를 잘 못해서 부하들에게 쫓겨났잖아?

어머, 너희 임금은 아예 제 손으로 나라를 무너뜨리지 않았어?

워워워……. 얘들아, 여기는 토론을 하는 곳이지 말싸움을 하는 곳이 아니란다. 우리가 궁금한 건 잘못 알려졌거나 잘 알려지지 않은 이야기야. 그 이야기 좀 더 해 줘.

그래, 마침 잘 됐다. 우리 견훤 임금님이 왕건 임금에게 가려져 억울한 부분이 좀 있거든. 삼국을 통일했다고 왕건 임금만 훌륭한 건 아냐.

역사는 승리한 사람이 쓰는 거라서 그런지 너무 왕건 임금에 대해 좋은 말만 했더라.

하긴 역사책을 보면 왕건이 너~무 완벽하긴 해.

딴지양, 왕건이 뭐야? 왕건 임금님이지. 우리 왕건 임금님이 한반도를 다시 통일한 건 다 그만한 이유가 있어서야. 우리 왕건 임금님은 평생 적으로 싸웠던 견훤 임금을 아버지로 모시고, 신라의 경순 임금에게도 후하게 대접하면서 전쟁도 없이 삼국을 통일한 품이 참 넉넉한 분이지. 궁예 임금이 계속 임금 노릇을 했다면 아마도 무지막지한 전쟁이 벌어지거나 오랫동안 통일을 못했을걸?

으응? 달이하고 해궁이 오빠는 같은 후고구려 지역에서 왔다면서 어째서 다른 이야기를 하는 거야?

해궁이 오라버니는 왕건 임금을 더 좋아하거든. 나는 궁예 임금님이 왠지 참 불쌍해. 평생 부모에게 버림받고, 부하에게 버림받고, 백성에게도 버림받았잖아? 정말 외롭고 많이 슬펐을 거야…….

어머~ 달이야, 버림받은 왕이라 불쌍하다고 편드는 건 아니지?

그럼! 그럴 리가 있니? 궁예 임금도 훌륭한 점은 많아. 능력으로 관직을 주는 제도를 만든 건 어떤 임금도 하지 못했던 뛰어난 생각이잖아. 그런 세상이 되었다면 우리 같은 백성들도 조금은 희망을 가지고 살 수 있었을 거야.

능력으로 인정받는 제도가 그렇게 훌륭한 제도야?

그럼! 다들 타고난 신분으로 모든 게 결정되던 때잖아? 궁예 임금님은 시대를 훨~씬 앞서가신 분이라고.

아~ 그렇겠다. 우린 이미 그런 제도 속에 살고 있어서 그게 뭐 대단한 건가 했네. 궁예 왕이 폭정을 하고, 말도 안 되는 관심법으로 사람들을 죽였다고 해서 나는 제일 형편없는 왕인 줄 알았어. 그리고 백성들에게 맞아 죽었다고 해서 참 지지리 복도 없는 왕이구나 했거든.

그건 지지해 주는 사람이 없었기 때문이야. 궁예 임금님을 모시던 사람들은 호족들이라 자기들의 힘을 꺾으려는 제도는 다 싫었을걸? 그래서 호족 세력들이 힘을 합쳐 궁예 임금님을 쫓아내고 나쁜 임금이라고 한 거 아닐까?

그런 거였어? 궁예 왕이 억울했겠다.

궁예 임금이 집안보다 능력을 더 높게 보는 제도를 만든 건 훌륭하지만 수많은 호족을 억누르는 건 사방에 적을 만드는 거나 마찬가지였어. 시대를 너무 앞서 간 건 시대를 잘 보지 못했다는 뜻이기도 해.

형, 그럼 왕건 임금은 시대를 잘 보는 눈이 있었다는 거야?

물론이지. 그러니까 궁예 임금처럼 사방에 적을 만들지 않고 호족들을 품으로 끌어안았지. 호족의 딸들과 혼인도 하고 왕씨 성을 내려 한집안을 만들잖아? 그 많은 호족들하고 싸워서 삼국을 통일하려면 아주 어려웠을걸? 그러니 지혜로운 분이지.

해궁이 형아, 우리 견훤 임금도 시대를 잘 보는 눈은 있었다, 뭐! 백성들의 마음이 신라를 떠났다는 걸 알았으니까 제일 먼저 후백제를 다시 세운 거 아냐?

그래, 견훤 임금도 훌륭하지. 다만 후백제 백성들만 생각했다는 것이 문제였어.

후백제 임금님이니까 후백제 백성들을 생각하는 건 당연한 거 아냐?

그러니까 삼국을 통일할 영웅은 아니었단 말이야. 삼국을 통일하려면 좀 더 넉넉한 마음을 가져야 하지 않을까? 생각해 봐, 언제부터 견훤 임금이 내리막길을 걷게 되더라?

어, 어~ 고창 전투! 서라벌에서 벌인 행패로 민심이 떠났다고 하지 않았어?

서라벌의 행패? 그건 내가 제일 잘 알 거야. 후백제군이 바람처럼 들이닥쳐 우리 임금님과 신하들을 다 죽였어. 백성들에게도 잔학하게 굴어 우리 신라인은 후백제군이라면 머리를 흔들었지. 우린 견훤 임금이 너~무 무서웠어.

바로 그거야. 견훤 임금은 의자왕 때의 복수만 생각할 것이 아니라 신라 백성들이 당할 고통도 생각했어야지. 그런데 행패만 부리고 떠났으니 신라 백성들 마음에 잔혹한 임금으로 새겨졌을 거 아냐? 왕건 임금님은 신라를 방문해서 고려군이 백성들에게 폐를 절대 끼치지 못하게 하니까 신라 백성들이 부모를 만난 것처럼 자애롭다고 했잖니? 민심은 천심! 하늘의 뜻이 왕건 임금님에게 있다는 생각을 하게 만든 거야.

흥, 나는 어째 왕건 임금이 여우같다는 생각이 드는데…….

마동아~ 삼국을 통일하려면 사람을 품는 포용력이 있어야 하는 거야.

해궁이 형! 삼국을 통일하는 왕다운 왕이 되려면 시대를 바로 보는 눈과 포용력이 있어야 했단 거네? 그런 능력을 가진 사람은 왕건 임금이었고?

그렇지! 용맹하고 지략이 뛰어난 건 기본이야. 견훤, 궁예, 왕건 임금님들은 다 그건 갖췄으니까. 왕건 임금님은 더 오래 참으며 때를 기다리고, 많은 사람들을 끌어안는 포용력이 있었기 때문에 삼국을 다시 통일할 수 있었던 거지. 통일은 여러 사람의 힘과 마음을 한데 모아야 하는데 왕건 임금님은 그 일을 해낸 거야. 그래서 다른 나라의 도움 없이 스스로 통일을 이룰 수 있었지. 스스로 통일한다는 거 이게 제일 중요하다고 생각해, 나는!

아~ 해궁이 형은 고려의 후삼국 통일은 신라가 당나라의 도움을 받아 통일한 것하고는 다르다는 말을 하고 싶은 거구나? 곰곰이 생각해 보니까 형 말이 맞는 거 같아. 역시 형은 형이네.

해궁이 형아, 백성을 생각하는 마음은 다 가지고 있었다고 해야 되지 않아? 우리 견훤 임금님은 후백제인에겐 훌륭한 임금님이었거든.

우리 경순 임금님도 백성을 사랑한 임금님이야. 신라 백성들을 전쟁으로 몰아넣지 않고 고려에 힘을 보탰잖아? 아무도 다치지 않고 아무것도 파괴되지 않았잖아?

그래, 설지 말도 맞다. 의미 없는 전쟁으로 백성을 죽이는 임금은 임금도 아니지. 얘들아, 이제 우리는 고려로 돌아가야지 않겠니?

고려? 그래, 우린 이제 다 같은 고려인이지? 다시는 삼국으로 나뉘지 말고 똘똘 뭉쳐서~ 잘 살아 보세!

그래, 잘 살아 보세! 우하하…….

야하, 정말 보기 좋다!

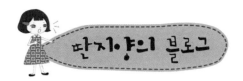

세 사람의 좋은 점만 모아서

"후삼국 시대의 가장 왕다운 왕은 누굴까"라는 토론은 재미가 없을 줄 알았다. 다들 왕건이 삼국을 통일하고 고려를 세운 건 알고 있어서 답은 뻔했기 때문이다.

그런데 삼국의 아이들이 나와서 하는 이야기를 들어보니 곰곰 생각해 볼 이야기들이 참 많았다. 가장 먼저 나라를 세우고 싸움도 잘했으면서 제 손으로 나라를 망친 견훤도 좋은 점은 있었다. 지나친 세금과 수탈을 막고 군인들이 백성들에게 피해를 입히지 못하도록 했기 때문이다. 그리고 가장 못난 왕인 줄 알았던 궁예도 능력을 보고 관직을 주려고 했다는 것이다.

이런 이야기를 다 듣고 보니 왕건의 포용력에 견훤의 백성 사랑, 궁예의 앞선 제도를 만드는 능력 이런 것들이 다 합쳐진 영웅이 삼국을 통일했더라면 더 좋았겠다는 생각을 했다.

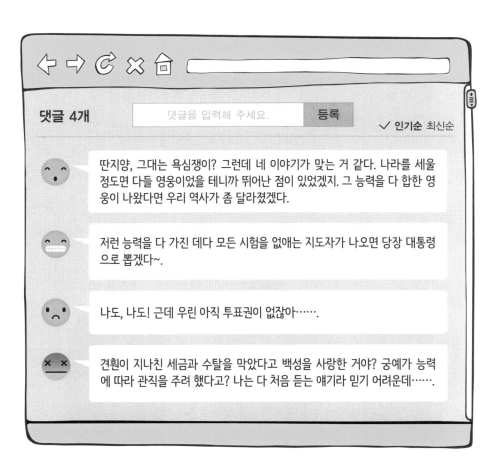

댓글 4개   댓글을 입력해 주세요.   등록

✓ 인기순 최신순

딴지양, 그대는 욕심쟁이? 그런데 네 이야기가 맞는 거 같다. 나라를 세울 정도면 다들 영웅이었을 테니까 뛰어난 점이 있었겠지. 그 능력을 다 합한 영웅이 나왔다면 우리 역사가 좀 달라졌겠다.

저런 능력을 다 가진 데다 모든 시험을 없애는 지도자가 나오면 당장 대통령으로 뽑겠다~.

나도, 나도! 근데 우린 아직 투표권이 없잖아…….

견훤이 지나친 세금과 수탈을 막았다고 백성을 사랑한 거야? 궁예가 능력에 따라 관직을 주려 했다고? 나는 다 처음 듣는 얘기라 믿기 어려운데…….

궁예가 삼국을 통일했다면

"후삼국 시대의 가장 왕다운 왕은 누굴까?"라는 토론은 해보나 마나 답은 왕건이라고 생각했다. 그런데 삼국에서 온 아이들의 이야기를 들으며 생각이 달라졌다.

아무리 옛날이라지만 아버지가 높은 사람이면 아들이 못났건, 잘났건 그냥 높은 사람이 되는 것이 영 못마땅했는데, 궁예가 그런 나쁜 제도를 고치려고 했다는 이야기를 듣고 깜짝 놀랐다. 관심법에 미륵불 흥

왕건   궁예   견훤

내나 내는 이상한 왕인 줄 알았는데 능력에 따라 관직을 주는 제도를 만들고 상과 벌도 공정하게 주었다고 한다. 궁예가 신분이 아닌 능력으로 왕이 되었기 때문에 그런 제도를 만들 생각을 했을 거다. 그리고 타고난 신분으로 모든 것이 정해지는 골품제가 신라를 혼란하게 만드는 걸 봤기 때문일 거다. 새 나라에서는 그런 일이 일어나지 않게 잘 다스리고 싶었나 보다.

만약에 궁예가 나중에 폭정을 하지 않고 삼국을 통일한 왕이 되었다면 사람들이 훨씬 평등하게 살지 않았을까?

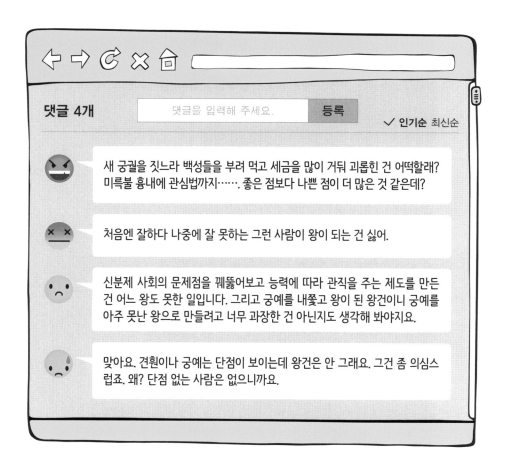

댓글 4개 댓글을 입력해 주세요. **등록**

✓ 인기순 최신순

새 궁궐을 짓느라 백성들을 부려 먹고 세금을 많이 거둬 괴롭힌 건 어떡할래? 미륵불 흉내에 관심법까지……. 좋은 점보다 나쁜 점이 더 많은 것 같은데?

처음엔 잘하다 나중에 잘 못하는 그런 사람이 왕이 되는 건 싫어.

신분제 사회의 문제점을 꿰뚫어보고 능력에 따라 관직을 주는 제도를 만든 건 어느 왕도 못한 일입니다. 그리고 궁예를 내쫓고 왕이 된 왕건이니 궁예를 아주 못난 왕으로 만들려고 너무 과장한 건 아닌지도 생각해 봐야지요.

맞아요. 견훤이나 궁예는 단점이 보이는데 왕건은 안 그래요. 그건 좀 의심스럽죠. 왜? 단점 없는 사람은 없으니까요.

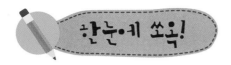

후삼국은 다시 하나가 되었어

　신라 귀족들의 권력 다툼으로 사회가 혼란해지면서 도로 후삼국이
되었어. 호족 중의 호족인 견훤, 궁예, 왕건이 세운 나라들은 크고 작은
전투를 40여 년이나 벌여 다시 하나가 되었는데, 그 나라의 이름은 바
로 고려야! 자, 고려가 어떻게 갈라진 나라를 통일했는지 살펴보면서
(　　　)도 채워 보렴.

"
신라의 군인이었던 (   )
은 완산주에 후백제를 세워 전라
도, 충청도와 경상도 서쪽까지 영
토를 넓혔단다.
"

"
신라 왕족 출신인 (   )
는 강원도에서 일어나 고구려의 옛
땅에 후고구려를 세웠어.
"

"
송악의 호족 왕건은 궁예의 부하로
활약하다 궁예가 난폭해지자 따르
던 호족들과 함께 궁예를 쫓아내고
나라 이름을 (   )라 했어.
"

"
해동성국 (   )가 거란
족의 침략으로 무너지자 왕건은 발
해 유민들을 따뜻하게 받아들였지.
"

"
후백제가 신라를 공격하자 고려는
신라를 돕기 위해 (   )으로
달려가 후백제군과 전투를 벌였지
만 크게 패했지.
"

"
고려는 주변 호족들의 도움을 받아
(   )에서는 크게 이겼
단다.
"

"
신라를 지키기 어려워진 (   )
은 왕건에게 나라를 넘겨 주었어.
왕건은 크게 기뻐하며 높은 벼슬과
경주 땅을 내려 주었지.
"

"
왕위 계승문제로 금산사에 갇혔
던 견훤이 왕건에게 투항하자
(   )를 끝으로 마침
내 고려는 통일을 이루었어.
"

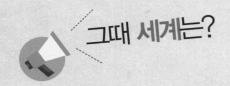

그때 세계는?

동북아시아의 영웅들을 소개할게

당나라가 망하면서 중국에는 북방의 유목 민족들이 여러 나라를 세웠어. 그중에서 거란족이 세운 요나라와 여진족이 세운 금나라는 한족이 세운 송나라 그리고 고려와 경쟁을 벌이며 동북아시아의 역사를 만들어 갔지. 어떤 영웅들이 동북아시아의 역사를 뒤흔들었는지 알아볼까?

요나라 태조 | 야율아보기
(? – 926)

야율아보기는 거란족을 통합하여 요나라를 세웠어. 한자를 본떠 거란 문자를 만들고 농업을 발달시켰지. 요나라는 발해를 멸망시킨 뒤 송나라와 고려를 압박해 해마다 많은 조공품을 받는 동북아시아의 강자로 우뚝 섰단다.

요(거란)

송나라 태조 | 조광윤
(927 – 976)

송나라를 세운 조광윤은 지방을 지키던 무장이었어. 힘을 가진 무장들 때문에 나라가 혼란해지는 것이라 여긴 조광윤은 문인을 우대하는 문치주의를 택했지. 그래서 문화가 발달하고 농업과 상업이 발전했지만 군사력이 약해져 북방 민족들의 침입에 시달리고 엄청난 조공품도 바쳐야 했단다.

송

금나라 태조 | 완안 아골타
(1068 - 1123)

아골타는 여진족을 통일하고 금나라를 세
웠어. 송나라와 손잡고 요나라를 멸망시킨
다음 송나라까지 남쪽으로 쫓아냈지. 남쪽
으로 쫓겨 간 송나라는 해마다 많은 은과
비단을 바치며 금나라를 황제의 나라로 섬
겨야만 했단다. 그런데 아골타가 신라의
후손이라는구나. 믿거나 말거나~.

여진

고려

일본

고려 태조 | 왕건
(877 - 943)

후고구려의 장군이었던 왕건은 개성의 호
족 출신으로 전쟁에서 계속 이겨 백성들
과 신하들 사이에서 인기가 높았어. 궁예
를 몰아내고 고려를 세운 다음 가혹한 세
금을 줄여 주며 오랜 전쟁에 지친 백성들
을 안정시키기 위해 노력했지.

936년
고려의 한반도 통일 완성

956년
노비안검법 실시

958년
과거제 실시

982년
최승로 시무 28조

993년
거란 1차 침입

1010년
거란 2차 침입

1018년
거란 3차 침입

1019년
귀주대첩

1047년 문종
고려의 전성기

1102년 숙종
화폐 주조

2장

고려는
해상 왕국이야

나는 고려의 배야. 내가 이야기꾼으로 나선 건
고려는 해상 세력인 왕건이 세운 나라여서
바다를 통한 국제 무역이 아주 활발했기 때문이야.
서해와 가까운 개경에는 벽란도라는 항구를 통해
세상의 온갖 물건과 사람들이 드나들었지.
중국이 하나도 부럽지 않을 정도로 자신감이 넘쳤던 나라,
고려의 이야기를 들려줄게.

배가 들려주는 고려의 전성기 이야기

『호락호락 한국사』를 읽는 친구들, 안녕! 나는 거친 바다를 헤치며 사람과 물건을 실어 나르던 고려의 배야. 신석기 때부터 배 만드는 기술이 뛰어났던 이 땅의 사람들 덕분에 단단하면서도 아름다운 배가 되었지.

삼족오

해

달

계수나무와 토끼

칼을 빼들고
대항하는 뱃 사람

용

청동항해무늬 거울

이건 고려인들이 쓰던 청동 거울인데 뒷면에 내가 새겨져 있어. 한 가운데 돛대가 높이 달린 배가 바로 나란다. 넘실대는 파도를 '촤아 악' 가르며 내달리는 모습이 정말 멋지지 않아? 그 앞을 바다의 용이 가로막고 있지만 용맹무쌍한 고려인이 칼을 빼들고 맞서고 있지. 이 렇게 집어삼킬 듯한 높은 파도도, 가늠할 수 없는 힘을 가진 용에게 도 두려움 없이 맞서던 이들이 고려인이야. 자랑스럽지 않니?

그리고 얘들아, 고려인들이 누구의 후손인지 당당하게 밝히는 그 림도 새겨져 있어. 찾아볼래? 해 안에 아주 익숙한 그림이 보일 거야.

세 발 달린 까마귀가 보인다고? 그렇다면 얘들아, 고려는 어느 나 라를 이은 걸까? 고구려? 딩동댕! 아주 똑똑한데? 그래, 고려는 고구 려를 이은 아주 진취적인 나라라는 걸 이 청동 거울이 보여 주고 있 지. 고조선의 놀라운 청동 기술이 고구려로 이어지고 또 그 기술이 고려로 이어져 아름답고 자신감 넘치는 청동 거울이 만들어진 거야. 역사는 이렇게 멈추지 않고 이어졌다는 걸 지름이 18센티미터도 안 되는 거울이 증명하고 있는 셈이지.

그런데 한가운데 있는 한자는 무슨 뜻이냐고? 저건 '황비창천(煌 조昌天)'이라고 읽는데, 밝게 빛나는 맑고 깨끗한 하늘이라는 뜻이 야. 이렇게 좋은 날, 너희들도 나를 타고 고려로 이야기 항해를 떠나 보지 않을래?

자, 다들 배 위에 올라라. 어기여차~ 배 떠나 가아~안다~~!

나라의 기틀을 세운 태조

고려는 연호를 천수라 했는데 새나라가 세워진 것은 다 하늘의 뜻이라는 거였지. 하늘이 낸 영웅답게 태조 왕건은 후삼국 시대의 혼란을 수습하고 나라의 힘을 한데 모으려 온 힘을 기울였어. 나라 곳곳에서 왕처럼 행세하던 호족들의 딸과 혼인하기도 하고 왕 씨 성을 내려 한집안을 만들기도 했지. 그리고 호족이 차지하고 있던 지역의 일을 살펴보고 책임지는 일도 맡겼어. 이걸 사심관 제도라고 하지. 이렇게 호족들을 우대해야 새로운 나라, 고려에 반발하지 않고 힘을 보탤 거 아니니?

왕건 청동상

호족들의 아들은 개경(송악)으로 불러들여 교육도 시키고 관직을 내리기도 했어. 아들이 개경에 있으니 아무리 드센 호족이라도 고려 조정에 함부로 힘자랑을 할 순 없었지. 바로 그걸 노렸던 거야. 태조는 왕권을 휘두르기보다는 지혜롭게 힘 있는 사람들을 내 편으로 만드는 껴안기의 달인이었어.

그리고 후삼국 시대의 혼란을 겪느라 지친 백성들의 마음도 보듬어 주었지. 3년간이나 세금을 걷지 않았고 부역을 줄여 주었을 뿐만 아니라 억울하게 노비가 된 사람들을 풀어 주었어. 백성들의 마음을 얻고 생활을 안정시켜야 나라가 발전하는 거니까.

936년 삼국 통일이라는 커다란 일을 이룬 다음 태조 왕건은 황제가 되었어. 고려가 천하의 중심이라는 자부심을 가지게 된 거야. 그

때 중국은 여러 나라로 분열되어 혼란스러웠고 거란이 중국 북쪽에 세운 '요'나라는 강한 나라였지만 문화적으로는 뒤처진다고 생각했 거든. 그래서 옛 고구려의 땅을 되찾겠다는 북진 정책을 펼치며 강인 한 고려의 위상을 세울 수 있었던 거란다.

통일을 이룬 지 7년 만에 태조는 눈을 감고 말았는데 세상을 떠나 던 날 신하들이 크게 울자,

"생명이 있는 것은 다 죽는 것인데 슬퍼들 마시오. 인생은 원래 다 덧없는 것이라오."

이렇게 멋진 말을 남기고 담담하게 떠났대.

그런데 다음 왕들이 고려를 어떻게 다스릴지 걱정이 많았었나 봐. '훈요 10조'라는 열 가지 중요한 가르침을 유언으로 남겼거든. 다음 왕들이 나라를 잘 다스리고 있는지 늘 돌아보며 잘못은 바로잡길 바 랐기 때문이지. 그중에 몇 가지만 좀 살펴볼까?

첫 번째는 불교를 받들라는 거였어. 하지만 불교가 지나치게 커지 는 것은 막으라고도 했지. 그리고 연등회와 팔관회를 나라의 중요한 행사로 치를 것을 당부했어. 연등회는 부처님 오신 날을 기념하는 등 을 켜는 행사로 불교를 숭상하는 나라이니 이것은 당연한데, 팔관회 는 좀 낯설지?

팔관회는 고려를 지키는 하늘 신, 산 신, 바다와 강의 신에게 드리 는 제사로 나라의 안녕을 바라는 행사였어. 태조는 불교만 인정한 것 이 아니라 예부터 내려오는 모든 신앙도 다 받아들여 고려의 백성들 이 진정으로 하나가 되길 바란 거야. 정말 건국 군주답지 않니? 이 행

사는 고려가 망할 때까지 쭉~ 지켜졌지.

두 번째는 고구려를 이은 나라답게 북진 정책을 강조하여 서경(평양)에서 100일씩 머물라고 했어. 잃어버린 옛 땅을 다시 찾겠다는 의지를 보이며 우리가 누구인가를 잊지 말라는 태조의 준엄한 당부였던 거야.

세 번째는 문화적인 자부심이었어. 예로부터 중국의 문화를 많이 따랐으나 이제 구차하게 그럴 필요가 없다고 했거든. 그리고 거란은 짐승 같은 나라이니 본받을 게 없다고도 했지. 거란이 세운 요나라가 발해를 무너뜨린 데다 문화적으로 뒤떨어졌다고 생각했기 때문이야.

네 번째는 어진 신하를 가려 쓰고 백성들의 고통을 덜어 주라고 했지. 세금과 부역을 덜어 주고 농사일의 어려움을 살펴 백성의 마음을 얻는 일에 힘쓰라는 거야. 나라의 근본이 백성이라는 생각이 들어 있지.

이 '훈요 10조'는 500년 가까이 고려를 이끌어가는 근본이었어. 태조 왕건은 고려라는 왕국에 든든한 열 개의 주춧돌을 놓았던 거란다.

뜻하지 않은 혼란을 부른 혼인 정책

어려움을 넘고 또 넘으며 고려가 세워졌건만 태조가 세상을 떠나자 다시 혼란한 세상이 되고 말았어. 힘깨나 쓰는 호족들을 끌어안느라 혼인을 하면서 호족과 한 집안이 된 것은 태조 때는 아주 훌륭한 정책이었지. 하지만 이 정책이 곧 고려의 발목을 잡고 말았거든. 29번이나 혼인했기 때문에 왕자가 많아도 너무 많았지. 24명이나 되는 왕자들이 막강한 힘을 가진 호족들을 배경으로 호시탐탐 왕위를 노리고 있었기 때문이야. 고려를 세우는 데 공을 세운 호족들은 서로 자기 집안의 왕자를 왕위에 올리려고 안간힘을 썼단다.

게다가 맏아들이 왕위를 잇는 것이 원칙이지만 어질지 못하면 여러 사람들이 받드는 왕자를 왕으로 세우라는 훈요 10조의 내용을 빌미 삼아 호족들은 대놓고 왕위를 넘봤어. 능력 있는 왕자를 왕으로 세우라는 현명한 말씀이었는데 욕심을 부리는 근거로 이용하다니, 정말 못됐다!

힘 있는 호족들은 왕의 침전에 자객을 보낼 정도였지. 그러니 늘 두려움과 불안에 떨던 왕들이 몇 년 만에 죽는 일이 벌어졌어. 호족들의 힘은 더 강해졌고 왕권은 여전히 약했기 때문에 이런 일들은 계속될 것만 같았지. 그때 강력한 왕권을 세우는 사람이 등장했어.

왕권을 강화한 광종

바로 광종이 즉위한 거야. 그러나 광종도 처음 몇 년간은 호족들의 눈치를 봐야만 했대. 호족들의 지지를 얻기 위해 왕권을 강화하기 위한 어떤 일도 하지 않았지. 그저 불교 행사나 외교적인 교류에 힘을 기울이고 있었어. 고분고분한 왕처럼 보여야 호족들이 안심할 거 아니니?

그러나 얼마 뒤 왕권을 강화해야만 고려가 안정될 것이란 생각을 품었던 광종은 개혁을 서둘렀어. 먼저 '노비안검법'을 실시했는데 이건 후삼국의 혼란한 시기에 어쩔 수 없이 노비가 된 백성들을 풀어 주라는 명령이었지. 노비는 호족들의 땅을 일구어 재산을 불려 주고 싸울 일이 생기면 군사가 되어 주었기 때문에 호족의 든든한 재산이면서 힘이었거든.

삼국 시대만 해도 이 땅에는 노비가 그리 많지 않았대. 그런데 후삼국의 혼란한 시절에, 어려움에 처한 백성들이 많아지자 호족들이 힘으로 노비를 만들어버리는 일이 꽤 있었지. 그래서 억울하게 노비가 된 사람들이 관청에 신고하면 그 사정을 잘 살펴 다시 양인이 되게 했단다. 이 노비안검법 덕분에 억지로 노비가 됐던 사람들은 새 세상을 만난 듯 기뻐했지만 호족들은 힘을 잃었어.

그리고 또 한 차례의 개혁이 이어졌는데 과거제를 실시한 거야. 중

국의 '후주'라는 나라에서 사신으로 왔던 쌍기가 고려에 귀화했는데 과거제를 실시하면 왕권을 강화할 수 있다는 건의를 올렸대. 과거제는 나라에서 시험을 보아 관직을 주는 것이기 때문에 집안의 힘으로 관리가 되던 호족들을 견제할 수 있거든. 이제 나랏일을 함께 의논할 신하가 되려면 유학을 얼마나 공부했는지, 글 쓰는 능력은 얼마나 되는지 시험을 봐야 했지.

그리고 관직에 따라 다른 색깔의 옷을 입도록 했어. 고대 국가에서 왕권을 강화할 때 관리가 입는 옷을 정해 주었던 공복 제정, 기억나지? 바로 그 일을 한 거야. 그런데 기술자를 뽑는 잡과와 승려를 뽑는 승과도 있었는데 무관을 뽑는 무과는 없었단다. 그래서 군대를 이끄는 사령관도 문관이 맡게 되었는데 이 일은 나중에 고려를 약하게 만드는 원인이 되기도 했지.

집안의 힘만으로 관리가 되는 일이 어렵게 되자 호족들의 힘은 다시 한 번 크게 꺾였어. 대신 지방의 인재들도 과거를 보게 되어 신라처럼 서라벌의 귀족들만 관직을 받던 시대보다는 각 지역의 인재들이 고루 등용될 수 있는 길이 열렸지. 후삼국 시대 이야기꾼인 금강도 과거를 보러 개경에 오지 않았을까? 과거제 실시는 지방의 이름 없는 호족들에겐 관리가 되는 좋은 기회였을 테니까 말이야. 아무튼 광종은 노비안검법과 과거제로 왕권을 강화하는 데 성공했어!

권력을 쥔 광종은 자신을 황제라 하고 개경을 황도라 하면서 연호도 만들었어. 고려는 왕권을 강화하면서 세상에 황제국의 자부심과 자주성을 다시 한 번 드러낸 거야. 그런데 광종의 정책은 아주 강압

지방 호족들도 조정의 관리가 될 수 있다고!

적으로 이루어졌기 때문에 신하들의 원망하는 소리가 끊이질 않았지. 반대하는 사람들에겐 아무리 신분이 높고, 공이 많더라도 혹독한 벌을 내렸거든. 그래서 수많은 사람들이 죽었어. 세자까지도 왕의 자리를 노린다는 의심을 받아서 전전긍긍했다니, 조정이 아주 살벌했나 봐.

　나라를 세우는 데 힘을 보탰던 강력한 호족들을 꺾고 나라를 안정시키는 개혁은 그만큼 힘든 일이었지. 결국 광종은 왕권은 강화했지만 사람들의 원성 속에 쓸쓸히 세상을 떠났단다.

고려는 강대국에게는 조공을 바쳤지만 스스로는 황제의 나라라고 생각했어.

나라의 체제를 갖춘 성종

성종은 광종과는 달리 왕과 신하가 서로 잘 의논하며 나라를 이끌어 가길 바랐어. 그래서 신하들에게 그 방법을 물었는데 최승로가 '시무 28조'라는 글을 올렸지. 거기엔 나라를 잘 다스리기 위해 힘써야 할 28가지 일이 적혀 있었어. 그 28가지를 다 말하려면 밤새야 할 것 같으니까 딱 한마디로 정리해 줄게. 유교의 가르침에 따라 왕과 신하들이 힘을 모아 나라를 바르게 다스려야 한다는 거였어. 이걸 또 줄여서 말하면 유교적인 정치 제도를 만들자고 한 거야.

불교를 숭상한다면서 정치 제도는 왜 유교를 따른 거냐고? 야아~ 너희들 정말 똑똑하다! 음~ 아주 간단하게 말하면 불교는 마음을 다스리는 종교고, 유교는 나라를 다스리는 사상으로 생각한 거지. 공자의 가르침인 유교는 종교가 아니라 사람과 사람 사이에서 지켜야 할 도리를 이야기한 것이거든. 공자는 사람들이 태어난 신분에 따라 어진 마음으로 서로 예의를 갖춰 사는 게 이상적인 사회라고 했어. 동양의 여러 나라들은 일찌감치 공자의 가르침대로 나라의 질서를 잡으려 했단다.

그래서 성종은 최승로의 건의를 받아들여 중국의 유교적인 제도를 본떠 중요 기관을 만들었어. 나라를 이끌어가는 제도는 여러 해를 거치며 고려에게 딱 맞는 제도로 다듬어졌지. 그 제도를 다 말하기는 어려우니까 몇 가지만 얘기해 줄게.

나라의 정책을 세우고 살피는 중서문하성과 정책을 실행에 옮기는 상서성에 6개의 부서를 두어 나랏일이 잘 이루어지도록 했는데 요렇게 간단하게 표로 만들어 봤어.

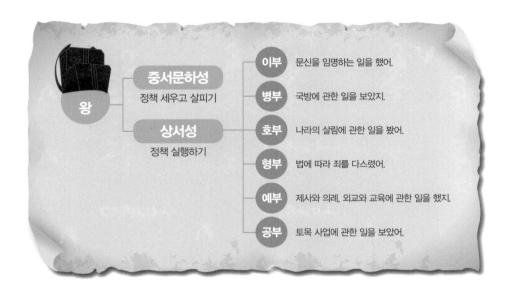

왕
중서문하성
정책 세우고 살피기
상서성
정책 실행하기

이부 — 문신을 임명하는 일을 했어.
병부 — 국방에 관한 일을 보았지.
호부 — 나라의 살림에 관한 일을 봤어.
형부 — 법에 따라 죄를 다스렸어.
예부 — 제사와 의례, 외교와 교육에 관한 일을 했지.
공부 — 토목 사업에 관한 일을 보았어.

개경에는 국자감이라는 교육 기관을 두어 나라의 인재를 키우고 지방마다 학교를 세워 유학을 가르쳤지. 마을마다 글 읽는 소리가 낭랑하게 들렸는데 어린아이부터 졸병들까지 배우려는 마음이 아주 대단들 했단다.

그리고 지방의 중요한 지역에 12목을 설치하고 조정의 관리인 목사를 파견해서 지방까지 다스리게 되었어. 태조 왕건 때는 아직 왕의 힘이 강하지 않기 때문에 그 일을 지방의 호족들에게 맡겼었잖아? 사심관 제도 말이야. 그런데 이렇게 지방까지 관리를 보냈다는 건 나라의 체제가 확실하게 잡혔다는 증거래. 광종 때에 왕권이 강

화되고 성종 때 나라의 체제가 잡혔기 때문에 지방까지 고려 조정의
힘이 미칠 수 있었던 거지.

자, 이제야 나라의 모습이 완벽해진 거 같지 않니? 그래서 왕의 이
름도 이룰 성(成) 자가 들어간 성종이야. 나라의 모습이나 제도가 이
루어졌다는 뜻이지.

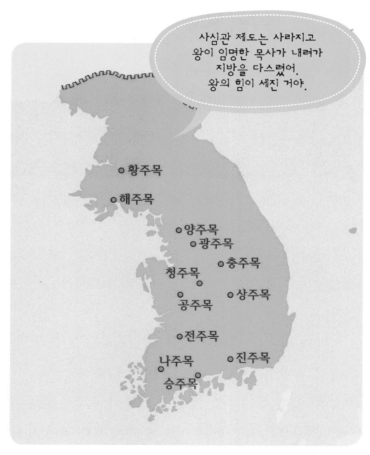

전국에 12목 설치

거란의 1차 침략 VS 서희의 담판

그런데 국제 정세는 점점 심각한 상황으로 치닫고 있었어. 오랫동안 분열되어 있던 중국에 송나라가 들어서면서 이미 북방의 강성한 나라로 우뚝 서 있던 요나라와 맞서게 되었지. 송나라와 요나라는 중원의 승자가 되기 위해 전쟁을 하면서 서로 고려를 제편으로 만들려고 했어. 송나라는 지원병을 보내 주기 바랐고 요나라는 외교 관계를 맺어 친하게 지내길 바랐거든.

중원
한족이 일어난 곳인데 비옥한 땅이라 늘 다툼이 끊이지 않았지.

하지만 고려는 태조 때부터 발해를 무너뜨린 거란과는 교류하지 않았잖아? 거란은 고구려를 이어받은 발해를 무너뜨린 원수의 나라라고 여겼으니까. 그런데 나중에 세워진 송나라하고는 친하게 지내서 이것이 요나라에게는 큰 불만이었대. 송나라와 전쟁을 앞둔 요나라는 송나라와 친하게 지내는 고려가 마음에 걸렸겠지. 요나라가 송나라를 공격할 때 고려가 송나라를 돕기 위해 요나라의 뒤를 공격해오면 큰일 아니겠어? 한마디로 요나라는 불안했던 거야. 그래서 먼저 고려를 꼼짝 못하게 만들려고 했어.

거란의 1차 침략

993년 요나라의 소손녕은 80만 대군을 이끌고 고려로 쳐들어왔지. 성종은 직접 군대를 이끌고 나가 싸웠지만 번번이 지고 말았어. 불안을 느낀 신하들은 요나라의 요구대로 서경(평양) 이북의 땅을 떼어주자고 했단다. 그리고 서경의 창고에 있는 곡식은 백성들에게 나눠 주고 그래도 남는 곡식은 바다에 버리자고 했지. 고려의 곡식이 거란군의 군량미가 되어선 안 되니까.

그 순간, 서희가 앞으로 썩 나섰어.

"전쟁에서 이기고 지는 것은 병력에 있는 것이 아니오. 적의 약점을 알면 반드시 이길 수 있소이다! 그리고 백성들의 생명인 곡식을 어찌 단 한 톨이라도 헛되이 버린단 말이오?"

이처럼 단호하게 항복 의견에 맞서던 서희는 소손녕과 담판을 짓기 위해 요나라 진영으로 찾아갔어. 이 장면은 외교사에 길이 남을 명장면이니까 꼭 기억해 둬!

항복 소식만 기다리던 소손녕은 서희가 나타나자 절을 하라고 했어. 그 요구에 서희는

"그대는 요나라 신하, 나는 고려의 신하인데 어찌 왕과 신하처럼 절을 하라는 것이오? 그렇게는 못하겠소."

이러면서 배짱 좋게 막사로 돌아와 꼼짝도 하지 않았대. 그러자 애가 탄 건 소손녕이었어. 80만 대군을 들먹거리며 위협을 하고 있었지만 사실은 승승장구하던 거란군이 안융진 전투(청천강 유역)에서 크게 졌다는 소식에 안절부절못하고 있었거든. 생각만큼 고려군이 만만하지 않았던 거지. 게다가 요나라 왕은 승전 소식을 재촉하고 있

어서 소손녕은 무척이나 초조했대. 서희는 그 마음을 읽었기 때문에 마음껏 배짱을 부릴 수 있었던 거야.

결국 두 사람은 동등하게 마주 앉아 협상을 하게 됐는데 소손녕은 서희에게 따지듯 물었어.

"고려는 신라 땅에서 일어난 나라인데 어찌하여 고구려 땅을 차지하고 있는가?"

이 물음에 서희는 이렇게 맞받아쳤지.

"고려는 고구려를 이었기에 나라 이름도 고려라 한다. 그러니 오히려 그대의 나라가 우리 땅을 침입하고 있는 것이다."

다부진 말에 놀란 소손녕은 다시 물었어.

"고려는 국경을 마주하고 있는 우리와는 교류하지 않으면서 어찌하여 바다 건너 송나라하고는 친하게 지내는가?"

"압록강 안팎은 우리 땅인데 여진이 가로막고 있어 그대의 나라에 가는 것이 바다를 건너는 것보다 어렵기 때문이다."

이렇게 논리적으로 따박따박 대답을 하니 소손녕이 더 할 말이 있었겠어? 하지만 서희는 소손녕의 말 속에서 요나라가 원하는 것이 무엇인지 간파했어! 중원의 주인이 되려는 요나라는 고려가 송나라를 도울까 봐 두려워한다는 것을 알아챈 거지. 그래서 한 발 더 나아가 고려에게 유리한 제안을 하나 했어. 압록강 유역의 여진을 내쫓고 그 곳에 성을 쌓고 길을 연다면 송나라와 관계를 끊고 요나라와 친하게 지낼 수 있다고 한 거야. 요나라가 송나라와 결판을 낼 전쟁이 코앞에 있었기 때문에 이 제안을 거절하기 힘들 거라는 것을 이미 알았던 거지. 요나라의 답변은 뭐였을까?

"좋소!"

야호~ 침략군과 싸우지 않고도 순순히 물러가게 했을 뿐만 아니라 압록강 280리 땅까지 되찾았어! 그 땅에 여섯 개의 성까지 쌓아 확실한 우리 땅으로 만들었지. 왜 외교사에 길이길이 남을 명장면이라고 했는지 이제는 이해될 거다.

서희는 고려인답게 아주 당당했어. 국제 정세도 정확하게 보았고 논리적으로 상대방을 설득하는 힘도 갖춘 뛰어난 외교가였지. 서희 덕분에 수십만 거란군으로부터 고려를 지켜내고 아주 쓸모가 많은 영토까지 되찾았어. 거란의 1차 침략은 고려에게 엄청난 이득을 안겨 준 승리였다고 해야 할 거야. 그런데 정말 80만 대군이 온 거냐고? 사실은 한 6만 명 정도였는데 빨리 항복을 받아내려고 소손녕이 뻥을 좀 심하게 친 거지.

강동 6주를 세운 압록강 유역은 거란과 여진, 고려가 만나 국제 무역이 이뤄지는 곳이야. 그리고 군사적으로도 아주 중요한 곳이지. 전쟁이 일어나면 물자를 대어주는 곳이기도 하거든. 이런 땅을 고려에게 내주었으니⋯⋯. 아무튼 국제적인 상황을 잘 파악해서 실리를 챙긴 보기 드문 외교의 승리가 바로 강동 6주의 획득이었다는 걸 잊지 말아 줘. 실리 외교는 바로 이렇게 하는 거라는 걸 확실하게 보여 줬으니까!

여기는 기름진 땅이지, 장사를 하기도 좋지, 게다가 군사적 요충지라 금싸라기 땅이야.

거란의 2차 침략 VS 양규의 큰 활약

송나라와의 전쟁에서 크게 이긴 요나라는 송나라로부터 해마다 은 10만 냥, 비단 20만 필을 조공으로 받게 되었대. 송나라는 조공으로 평화를 산 셈이지. 한족이 세운 송나라는 문화가 아주 발달한 나라였지만 무력은 요나라에 미치지 못해서 큰 굴욕을 당했던 거야.

그런데 송나라를 제압한 요나라는 이번엔 고려로 눈길을 돌렸어. 강동 6주라는 땅을 차지하고도 송나라와 관계를 딱 끊지 않는 고려가 괘씸했던 데다 땅을 되찾고 싶은 생각이 간절했겠지.

하지만 전쟁이란 그럴싸한 명분이 있어야 하는데

"줬던 거 도로 내 놔!"

이럴 순 없잖니? 그래서 고려의 강조라는 신하가 목종을 내쫓고 현종을 세운 정변을 트집 잡아 고려를 침략했어. 아니, 남의 나라 신하가 왕을 내쫓든 말든 무슨 참견이래? 그런데 글쎄, 요나라의 왕이 직접 40만 대군을 이끌고 내려왔단다. 헐~ 왕이 직접 전쟁에 나서다니 강동 6주의 땅을 내준 것이 보통 아까웠던 게 아니었나 봐. 강조를 벌주겠다는 것은 그냥 트집이었을 뿐이야.

1010년 한겨울, 거란군은 압록강을 넘어 무섭게 진격했어. 그러나 바로 개경을 함락시킬 줄 알았던 거란군은 흥화진에서 양규와 함께 결사적으로 저항하는 고려 백성들을 꺾을 수가 없었단다. 당황한 거란군은 위험을 무릅쓰고 흥화진에 20만의 병사를 남겨둔 채 앞으로 돌진했어. 저런! 적의 성을 다 무찌르지 못한 채 진격했다가는 보급로가 끊겨 위험할지도 모르는데…… 이런 위험한 선택을 했던 건

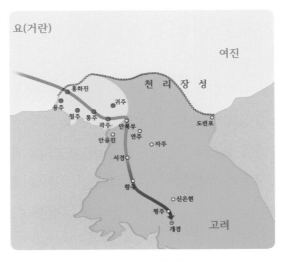

거란의 2차 침략

양규와 고려 백성의 저항이 너무 거세서 시간만 끌 거 같았기 때문이래. 승리도 못한 채 전쟁이 길어지면 멀리서 온 거란군은 보급품이 다 떨어져 아주 위험해지거든.

그런데 개경으로 진격하는 것도 쉽지는 않았지. 벌을 주러 왔던

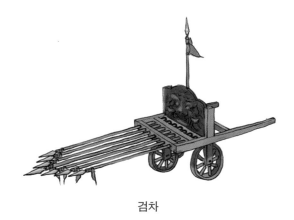

검차

바로 그 강조가 검차를 앞세워 연거푸 거란군을 무찔렀으니까. 검차란 수레의 앞면에 칼을 잔뜩 꽂고 수레 안에서 수십 명의 병사가 활을 쏘아대는 비장의 무기였는데, 이 무기 앞에서 거란군은 와르르 무너졌단다.

하지만 고려군이 연거푸 승리하자 강조는 자만해졌지. 거란군이 코앞에 다다랐다는 보고를 받고도 적이 많이 들어올수록 크게 이길 수 있다며 바둑을 두다가 사로잡히고 말았거든. 요나라의 왕은 좀 경솔하긴 했지만 명장이었던 강조를 구슬렸어. 요나라의 신하가 되면 부귀영화를 누리게 해 주겠다고 말이야. 그런데 강조는 왕의 회유를 보기 좋게 거절하며 고려의 장수로 최후를 맞았다더구나.

강조의 죽음으로 지휘관이 사라지자 고려군은 크게 지고 말았어. 마침내 개경까지 들이닥친 거란군은 궁궐과 고려 왕조의 조상을 모신 종묘까지 다 태워 버렸다지 뭐야? 현종은 갖은 고생을 해가며 전라도 나주까지 피난을 가야 했지. 고려가 세워진 지 100년 만에 크나큰 위기가 닥친 거야.

개경을 쑥대밭으로 만든 거란군은 현종에게 요나라에 들어와 항복 의식을 치르고 강동 6주를 도로 내놓으라고 했어. 그럼, 그렇지! 압록강 280리 땅이 아까워서 쳐들어온 게 분명하구나!

그런데 말이야, 현종의 항복 약속을 받고 돌아가던 거란군은 홍화진에서 패배를 안겨 주었던 양규를 다시 만나 아주 혼쭐이 났단다. 변방의 이름 없는 장수, 양규는 지원군도 없이 수만의 거란군에 맞서 싸웠어. 바람같이 나타나서 공격하다가 귀신처럼 사라지는 작전으로 포로로 잡혀가던 3만이 넘는 고려인들을 구해냈지. 그리고 거란군에게 빼앗겼던 헤아릴 수 없이 많은 전리품도 되찾았어. 다 이긴 전쟁이라고 생각했던 거란군은 혼비백산했을 거야.

하지만 병력도 많고 전투력도 뛰어난 거란의 정예부대를 물리치기에는 고려군의 수가 너무 적었지. 그래도 잡혀가는 고려 백성들을 구하려고 용감하게 적진으로 뛰어들었는데 포위당하고 말았어. 칼과 화살이 다 떨어져도 고려군은 항복하지 않았고, 군사들이 다 쓰러진 그 순간에도 양규는 적진으로 돌진하여 거란군에게 공포를 안겨 주었지.

거란은 40만이나 되는 대군을 몰고 고려를 침략했지만 퇴각하면서 피해를 많이 입어 이겼다고 볼 수 없어. 게다가 죄 없는 백성들을 끌고 가는 횡포에 하늘이 벌을 내리려 했는지 한겨울에 큰 비가 내리고 안개까지 잔뜩 끼었다더라. 그래서 퇴각하던 거란군이 강을 건너느라 아~주 애를 먹었대. 쌤~~통!

얘들아, 거란의 2차 침략을 막아낸 명장은 양규였어, 그치? 그런데 웬만한 역사책에는 잘 나오지 않는단다. 그러니 너희들이 죽음으로 거란군을 막아낸 양규 장군을 꼭 기억해 주렴. 한겨울 고려를 지키기 위해 고군분투했던 고려 백성들도 함께 기억해 주길 바란다.

거란의 3차 침략 VS 강감찬의 귀주대첩

요나라는 현종에게 직접 항복하러 오라며 재촉했어. 그리고 강동 6주를 내놓으라고 윽박지르며 압록강 지역을 침범해 끊임없이 괴롭혔지. 그때마다 고려군은 거란군을 물리치며 자주국의 위신과 실리를 지켜 냈어. 요나라와의 전쟁에서 진 것도 아닌데 왕이 항복 의식을 치르러 요나라까

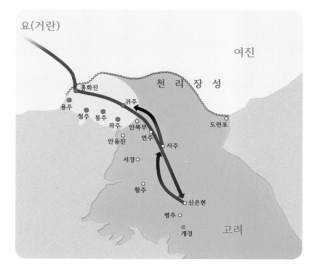

거란의 3차 침략

지 갈 까닭이 없잖아? 그리고 강동 6주는 원래 우리 땅인 데다 거란과의 전쟁에서 군사적으로 얼마나 중요한 곳인지 증명이 됐기 때문에 절대 내줄 수 없는 땅이었고.

동북아시아 강자로서 체면이 서지 않자 1018년 소배압이 10만 대군을 이끌고 또다시 고려를 침략했어. 에구~ 진짜 질기다, 질겨! 그

요(거란)

천리장성

홍화진

고려

러나 고려는 8년 전 개경까지 내주어야 했던 그 고려가 아니었어. 그동안 요나라의 침략을 물리치기 위한 준비를 철저히 하고 있었지. 서경과 개경에 튼튼한 성을 다시 쌓고 더 강한 군대를 키워 놓았거든.

최고 사령관인 강감찬은 거란군이 들어오는 길목인 홍화진의 냇물을 소가죽으로 연결해서 막아 놓았어. 그것을 알 턱이 없는 거란군은 물이 줄어든 냇물을 가볍게 건너려다 어찌 됐을까나~ 그렇지! 온통 물벼락을 맞았어. 갑자기 불어난 물속에서 허우적거릴 때 이번엔 홍화진에 숨어 있던 고려군이 잽싸게 달려들어 거란군을 크게 물리쳤지. 이게 그 유명한 귀주대첩이냐고? 아니! 이건 소가죽 대첩 아니면 홍화진대첩이라고 해야 하나? 아무튼 이 전투로 고려군이 기선을 먼저 제압했어. 전쟁에서 기선 제압은 아주 중요한 거야. 기가 꺾인 군대는 아무리 수가 많아도 힘을 내기 어렵거든.

홍화진에서 크게 놀란 소배압은 2차 침략 때와 같은 작전을 또 펼쳤어. 개경으로 그대로 밀고 내려오는 그 위험한 전략 말이야. 개경만 손에 넣으면 항복을 받아 낼 수 있다는 생각을 또 하다니, 미련한 거아니냐? 이 작전에 맞서 고려군은 들판의 곡식과 백성을 성안으로 들이는 **청야 작전**을 펼쳤어. 오랫동안 말달려 쳐들어온 거란군이 먹고 쉴 곳을 아예 없애

청야 작전
들판을 깨끗하게 비우는 작전으로 곡식과 집을 없애고 우물도 메워 적이 들어와 마실 물도 쉴 곳도 없게 만드는 거란다.

버린 거지. 개경만 손에 넣으면 이길 줄 알았던 거란 군은 고려군의 방어가 철저한 데다 먹을 것도 없고 날씨마저 **동장군**이 얼어 버릴 지경이자 절망했을걸?

동장군
혹독하게 추운 겨울을 사람에 빗대어 말한 거지.

그래서 하는 수 없이 빈손으로 되돌아가려는데 이마저 뜻대로 되지 않았지. 귀주에서 강감찬 장군 과 또다시 맞닥뜨리고 말았거든. 흥화진에서 물벼락을 맞았던 공포 가 채 가시지도 않았는데 한겨울에 느닷없이 남동풍이 불어 눈보라 가 거란군 쪽으로 휘몰아쳤다지 뭐야? 거란군은 눈도 제대로 뜨지 못한 채 고려군의 맹공격에 푹푹 쓰러졌지. 그래서 10만 대군 중 살 아서 돌아간 자가 수천도 안 되었고 소배압조차 무기와 갑옷을 버리 고 줄행랑을 쳤대. 아마 요나라 역사상 가장 참혹한 패배였을 거라 나? 승리했다는 소식을 기다리던 요나라 성종은 너무나 화가 나서 소배압의 낯가죽을 벗기겠다고 펄펄 뛰었다는구나. 강감찬이 귀주 벌판에서 거란군을 크게 물리친 이 전투가 바로 귀주대첩이야.

귀주대첩의 명장, 강감찬은 그때 나이가 일흔이 넘었대. 놀랍지? 수염이 허연 할아버지가 매서운 눈바람을 맞으며 거란군을 물리치 는 모습을 상상해 봐. 감동적이잖아? 강감찬은 키도 작고 볼품없이 생겼지만 인품과 학식이 뛰어난 분이었어. 나라에 큰 일이 생길 때 마다 대책을 마련해서 가장 먼저 나서서 일을 해결한 능력 있는 재 상이었다는구나! 그런데 때가 묻거나 떨어진 옷을 입고도 저잣거리 를 아무렇지 않게 다녔대. 백성들은 누추한 옷을 입은 늙은이라고 생 각했을 뿐 고려의 재상이라고는 꿈에도 생각하지 못했지. 권력을 가

진 사람들이 하는 위세를 전혀 부리지 않았던 거야. 나라를 이끄는 사람들이 이 정도는 되어야 커다란 위기를 맞아도 극복할 힘이 생기는 거 아닐까?

요나라와 27년간 14차례의 크고 작은 전쟁을 치르며 고려는 놀랍게 성장했고 귀주대첩을 끝으로 요나라는 더 이상 고려를 넘보지 못했어. 고려는 천리장성까지 쌓으며 이민족의 침략을 막겠다는 단단

한 의지를 드러냈지.

이제 동북아시아의 강대국을 물리친 자신감은 고려를 전성기로 이끌었어. 주변의 나라들은 고려를 두려운 눈으로 바라보았지. 거란 에게 크게 져서 해마다 어마어마한 조공을 바쳐야 하는 송나라는 물 론이고 여진과 일본 그리고 주변 나라들은 고려의 저력에 한껏 몸을 낮췄단다. 어험, 고려의 국제적인 위상이 쑤욱 올라간 거야. 어느 정 도였는지 궁금하지? 그럼 이제 고려의 전성기로 가 볼까나?

전성기를 맞은 문종

나라가 세워질 때의 어려움을 모두 이겨낸 고려는 이제 반짝반 짝 빛이 나기 시작했어. 전성기가 시작된 거지. 고려의 전성기를 이 끈 왕은 문종이었어. 여러 왕들이 나라의 기반을 쌓았고 문종 스스 로도 준비된 왕이었기 때문에 고려는 빛나는 시대를 맞이할 수 있 었지. 태조 왕건은 고려라는 주춧돌을 놓고 광종은 왕권을 강화해서 왕의 뜻을 펼칠 수 있도록 했잖아? 성종은 나라의 체제를 잡았고 현 종은 이민족의 침략을 물리쳐 나라를 튼튼하게 만들었지. 이렇게 기 반이 단단해지자 왕으로서 능력과 덕을 갖춘 준비된 왕, 문종이 즉 위했던 거야.

문종은 즉위하자마자 사치스런 것들을 금지하고 절약하는 검소한 모습을 몸소 보여 주었어. 이건 많은 것을 가진 왕으로서는 쉽지 않은 일이야. 그리고 백성들이 지나친 형벌을 받거나 억울하게 죽는 일이 없도록 법률을 신중하게 고치고 풍년이냐, 흉년이냐에 따라 세금을 달리 정했어. 그래서 백성들이 태평성대를 맞아 곳간에 곡식이 쌓이니 즐겁다고 했다는구나.

또한 문종은 불교를 크게 일으키기도 했지만 유교도 함께 장려해 조화로운 세상을 열었어. 넷째 아들은 출가하여 대각국사 의천이 되었는데, 나라의 큰 스님이 된 의천은 여러 종파로 나뉘어 있던 불교계를 하나로 만들기 위해 천태종을 만들었지. 천태종은 불교의 한 종파인데 **경전**을 깊이 연구하는 교종과 참선으로 깨달음을 얻는 선종을 하나로 만들려고 노력한 거래. 불심이 깊었던 문종과 그의 아들, 의천은 갈라진 불교계의 단합을 위해서도 애썼던 거지.

경전
부처님 말씀을 적은 책을 말해. 화엄경, 금강경, 법화경 등 종류가 아주 많아.

문종은 국방과 외교에서도 빈틈이 없었어. 어버이의 나라로 섬긴다면서도 걸핏하면 약탈을 일삼는 여진족을 토벌해서 국방을 튼튼히 했거든. 그리고 거란과 송나라 사이에서 지혜로운 외교를 펼쳐 오랜 평화 시대를 이어 갔어. 어떤 친구들은 문종 이야기를 다 듣더니 문종이 고려판 세종대왕이라 하더라? 나는 세종대왕이 조선판 문종이라고 생각해. 어떻게 조상이 후손을 닮겠어, 안 그래?

아, 참! 거란의 눈치를 보느라 교류를 끊었던 송나라와 다시 국교를 맺으려 할 때의 이야기를 들어 보면 고려가 얼마나 자신감으로 가득 찬 나라인지 알 수 있을 거야. 그 장면을 살짝 들여다볼까?

송나라는 문신을 지나치게 우대해서 중국 역사상 가장 약한 나라

영통사는 북한에 있는데 대각국사비는 그곳의 보물로 정해졌지.

대각국사 의천   영통사 대각국사비

였어. 그래서 늘 강한 이민족들에게 조공을 바쳐 평화를 사야만 했지. 그런데 거란을 물리친 고려가 송나라와 국교를 오래도록 끊자 몹시 불안해했대. 그래서 두 번이나 문종에게 국교를 다시 맺기를 청해 왔는데 신하들이 이렇게 말했다대?

"우리나라는 문물과 예악이 번성한 지 이미 오래되었습니다. 상선이 줄을 이어 우리나라에 진귀한 물자가 날마다 들어오고 있습니다. 그러니 송나라의 도움을 받을 일이 있겠습니까?"

고려는 이미 문화가 발전한 나라이기 때문에 한마디로 아쉬울 게 없다는 이야기야. 오히려 송나라가 호랑이 같은 이민족을 견제하기 위해 고려와 다시 국교를 맺으려고 안간힘을 썼단다. 고려와 더 가까워지려고 송나라가 고려에게 많은 물건을 보내자 송나라의 관리는 나라 살림도 어려운데 왜 이리 고려에게 퍼주느냐며 분통을 터뜨리기도 했다던걸! 너희들은 우리가 늘 중국에게 저자세인 줄 알았지?

고려는 주변의 상황을 정확하게 판단하고 나라의 위상과 이익을 지키는 능수능란한 외교 전략을 펼쳤어. 그래서 이렇게 당당할 수 있었다는 거 잊지 마!

세계적인 무역 항구 벽란도

문전성시
대문 앞이 시장이라는 뜻으로 많은 사람들이 찾아와 북적이는 모습을 말하는 거야.

나라가 안정을 찾고 평화를 이루게 되자 서해로 열린 예성강의 항구인 벽란도는 그야말로 **문전성시!** 동북아시아 무역의 중심지가 되었어. 송나라, 요나라, 금나라, 일본, 동남아시아, 아라비아와 페르시아의 배들이 줄을 이어 들어오는 푸른 물결이 넘실대는 나루였지.

푸른 물결만큼이나 세상 여러 나라에서 온 사람들로 넘실대며 벽란도의 시장은 왁자지껄, 생동감이 넘쳤어. 외국의 상선들이 가져온 진귀한 물건을 풀어놓은 시장의 차양은 좌악 이어져 비가 오더라도 한 방울도 맞지 않고 구경을 할 수 있었지.

송나라에서 들어오는 물건의 종류는 100가지가 넘었는데 비단, 약재, 차, 자기, 서적은 늘 인기 품목이라 사람들이 바글댔어. 국수나 만두를 만드는 밀가루도 금방 동이 나더라. 송나라는 상업이 눈부시게 발전한 나라답게 장사도 아주 잘했지.

멀~리 아라비아에서 온 상인들은 진귀한 물건과 특이한 모습으로 사람들의 눈길을 확 끌었어. 상아, 수정, 호박 같은 보석은 아녀자들의 눈을 반짝이게 만들었고 향과 몰약은 귀족들이 탐을 냈거든. 양탄자를 파는 어느 상인은 하늘을 날 수 있는 양탄자라며 알라딘의 요술 램프라는 우스갯소리를 덧붙였지. 통역이 전하는 그 이야기가 어찌나 기이하면서도 신비하던지 사람들은 넋을 잃고 들었어. 다들 양탄자를 타고서 날고 싶은 표정들이던걸!

거란인은 말과 은, 모피를 가져와 흥정을 하고 여진인은 말과 담비 가죽을 가져와 팔았는데 추운 지역의 담비 가죽은 품질이 좋아서 인기가 아주 높았지. 일본도 진주, 수은, 유황, 해조류, 감귤 등 토산품을 가져와 관심을 받았단다.

그런데 외국 상인들은 자신들이 가져온 물건이 다 팔리기도 전에 미리 점찍어 두었던 고려 명품들을 사느라 바빴지. 고려의 금과 은 그리고 가는 베와 무늬가 화려한 비단, 인삼, 종이, 먹, 화문석, 나전칠기는 이익을 크게 남길 수 있는 고려의 명품이었거든.

특히 고려지는 송나라 사람들이 홀딱 반한 최상품이었지. 비단처럼 매끄러우면서도 질긴 데다 먹이 번지지 않고 잘 스며들어 글과 그림을 그리는 데 최고였거든. 게다가

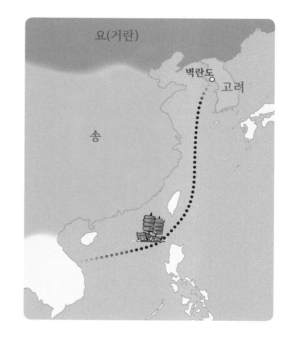

청명상하도

1000년을 가도 끄떡없는 종이라고 소문이 나서 금령지라고도 불렸어. 금령지란 황금같이 변하지 않고 오래가는 종이란 뜻이야. 고려의 먹도 깊은 빛깔의 검은색을 내며 종이에 잘 스며들어 오래돼도 변하지 않았지. 그래서 문인들이라면 누구나 갖기를 소원했던 명품 중의 명품이었어.

이렇게 세상의 온갖 명품들이 넘쳐 나고 여러 나라의 상인들로 북적이는 별천지 같은 곳이 바로 벽란도였단다.

이 벽란도에서 아침에 배를 띄우면 한낮이 못 되어 베트남까지 갈 수 있다고 자랑하는 학자도 있었어. 믿을 수가 없다고? 얘들아, 고려 사람들의 배 만드는 기술은 아주 뛰어났다고 했잖니? 단단하고 견고

한 배를 빠르게 만들어내는 놀라운 기술을 가지고 있었단다. 게다가 고래 같은 파도도 잘 타는 항해술 덕분에 바다를 통한 세계와의 교류는 상상 이상이었어.

나, 고려의 배는 바다 위의 말처럼 바람을 타고 빠르게 달려 고려를 세상에 알렸지. 증거가 있냐고? 보여 주지, 증거 하나!

왼쪽에 있는 그림 한가운데 갓을 쓰고 말 타고 가는 선비의 모습이 보이지? 저 사람이 바로 고려인이야. 이 그림은 송나라 학자가 청명절을 맞은 수도 개봉의 모습을 사진처럼 그린 건데 이 그림에 고려인이 그려진 거지. 요나라의 침략을 당한 송나라는 고려의 힘이 필요했다고 말했잖니? 그래서 고려 사신을 맞기 위한 영빈관을 따로 마련해서 고려와의 교류에 공을 들였어. 이 고려인은 아마도 영빈관에서 나와 송나라의 청명절을 즐기고 있는 것 같아. 적극적인 송나라 덕분에 고려인은 배를 이용해 중국 대륙으로 뻗어 나갔고 송나라 곳곳에는 고려관이 있었어. 예전의 신라방처럼 고려인들도 송나라에서 활약을 크게 펼쳤단다.

증거 둘! 중국에서 우리 고려의 명품을 만난 서역인이나 벽란도에 다녀간 아라비아 상인들은 개방적이고 활기찬 고려를

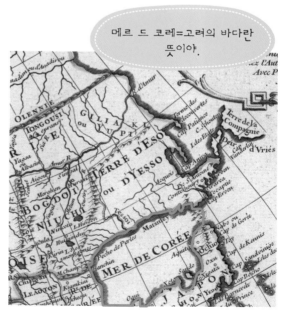

메르 드 코레=고려의 바다란 뜻이야.

1700년대 프랑스 지도

'코리아'로 소개했어. 그들 덕분에 고려는 일찌감치 코리아라는 국제적인 명성을 얻을 수 있었지. 그래서 1700년대 만들어진 프랑스 지도에는 동해가 고려의 바다로 기록되어 있단다.

봤지? 고려가 얼마나 세계적인 나라였는지 아예 지도에 그대로 드러나잖니? 고려는 이렇게 세계적인 명성을 가진 나라였다고! 나, 고려의 배가 해상 무역의 길을 열지 않았다면 아마 어림도 없는 일이었을걸!

고려 화폐들　은병

고려가 전성기였을 때는 송나라가 사신을 보낼 때마다 칭찬하는 글을 보내왔지. 요나라는 고려왕의 생신을 축하하고 일본에서는 보배를 바쳤어. 바다를 통한 세계적인 교류는 고려를 융성하고 강한 나라로 만들었거든.

세계와의 교류가 활발해지고 상업이 발달하자 고려 조정은 화폐를 만들기 시작했어. 불교를 공부하기 위해 송나라에 갔다가 그곳의 번성한 시장을 보고 온 의천이 고려도 화폐가 필요하다고 건의했거든. 이를 받아들인 숙종은 주전도감을 만들어 해동통보, 삼한통보, 동국통보 등을 만들었어. 그리고 외국과의 무역엔 은으로 만든 은병을 주로 사용했지. 은병은 한반도 모양을 본뜬 4센티미터 크기의 화폐야. 쌀 10~50석이나 옷감 100여 필의 가치를 지닌 큰돈이었어. 그래서 은병은 귀족과 부자들이나 사용할 수 있었다나 봐.

조정에서는 화폐를 찍어 관리와 군인들에게 나눠 주며 개경의 저

잣거리에 점포와 술집을 열어 사용하기를 바랐지만 기대했던 효과는 거두지 못했어. 왜냐하면 백성들은 쌀과 베로 원하는 것을 바꾸는 오래된 거래 방식을 더 믿었기 때문이야.

국제도시 개경

벽란도에서 가까운 곳에 고려의 도읍지인 개경이 있었어. 개경은 송악산과 여러 산이 둘러싼 곳에 있어서 아늑하고 편안한 느낌을 주는 곳이었지. 둘러싼 산들의 능선을 따라 성을 쌓아서 둘레가 23킬로미터나 되는 크고 아름다운 도시였어. 성곽들이 수문장처럼 우뚝우뚝 서 있고 500여 개의 크고 작은 절들이 들어서 있었지. 반듯반듯한 길에는 상가들이 즐비해서 화려하기가 이를 데 없었어. 사람들은 찻집에 앉아 청자에 담긴 은은한 차향을 즐기며 이야기를 나눴지. 지금의 어른들이 커피를 즐기는 것만큼이나 고려인들도 차 마시기를 좋아했단다.

벽란도를 통해 여러 나라 상인들은 개경을 드나들었는데 잇속 빠른 서역의 상인은 눌러앉아 만두 가게까지 차렸다던걸? 한창 번성했을 때는 인구가 50만이나 됐지. 같은 시대에 유럽은 인구가 10만만 되어도 큰 도시라고 했다니 개경은 정말 큰 국제도시였다고 할 수 있지 않겠니?

개경은 산으로 둘러싸였을 뿐만 아니라 세 개의 강이 지나는 곳이

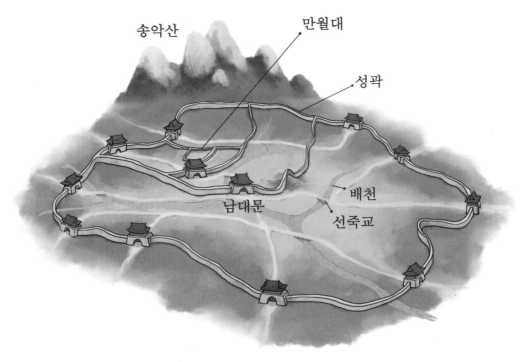

송악산　　　　　만월대

성곽

배천

선죽교

남대문

산으로 둘러싸이고 강이 흐르는 개경

라 교통도 편리하고 살기 좋은 곳이었어. 강이 만나는 곳은 예로부터 재물이 모이는 곳이라 명당이라고 했는데 개경이 딱 그랬지. 세상의 온갖 진귀한 물건들이 다~ 들어왔으니까.

이곳에는 아주 유명한 볼거리가 있었는데 바로 연등회와 팔관회였어. 연등회는 불교를 숭상하는 나라답게 각 고을마다 열렸는데 특히 500여 개의 절이 있는 개경의 연등회는 그야말로 장관이었지. 부처님께 등불을 공양하는 행사여서 각 절의 신도들이 저마다 소원을 담아 불을 켜면, 온통 세상이 불빛으로 일렁였거든. 그 환한 빛이 세상의 어둠을 다 몰아낼 것만 같았지.

팔관회 역시 불교 행사였어. 불교 신자들에겐 지켜야 할 여덟 가지 계율이 있었는데 이 계율을 지키는 모임이 팔관회야. 그런데 고려는 이것을 고려 사회에 맞게 여러 수호신들을 모시는 행사로 만들어 온 나라 사람들이 다 함께 축제로 즐겼어.

팔관회는 풍성한 가을걷이가 끝나고 겨울이 되면 벌어졌지. 왕가의 아이들 중에서 어린 남자아이를 신선 도령으로 치장하여 용, 봉

팔관회

황, 말, 코끼리의 모습으로 꾸민 배 모양의 수레에 태웠어. 그러고는 개경의 거리를 행진하게 했는데 악사들이 뒤따르면서 연주를 하면 아이들도 신이 나서 함께 거리를 행진했지. 이 진귀한 볼거리에 개경 사람들은 찬바람도 잊었을걸?

거리 행진이 끝나면 왕이 직접 팔관회를 성대하고 화려하게 치렀는데 송나라와 여진족도 사신과 선물을 보내 축하를 했어. 고려를 지키는 모든 신에게 드리는 엄숙한 제사가 끝나면 춤과 노래와 갖가지 재주 공연 그리고 놀이와 연극이 펼쳐지면서 흥겨운 축제가 밤새도록 열렸지. 거리마다 쏟아져 나온 사람들은 겨울밤의 축제를 한껏 즐겼고, 사신을 따라 들어온 상인들은 가져온 물건을 풀어 국제 무역을 벌여 개경을 북적이게 했어. 겨울밤의 축제는 밤새 개경을 불이 꺼지지 않는 흥겨운 도시로 만들었지. 팔관회는 고려인을 하나로 만드는 명절이면서 주변 나라들에게 고려를 알리는 국제적인 축제였던 거야.

그런데 고려는 낯설다는 친구들이 많더라. 삼국 시대는 재미있고 조선은 익숙한데 가운데 낀 고려는 잘 모르기도 하고 조선하고 헷갈려서 어렵다던걸? 그건 아마 긴 역사를 배우면서 버거워질 때쯤 우리 고려를 배우게 되어 그런 거 아닐까 싶어. 하지만 나, 고려의 배가 순풍에 돛단 듯 이야기를 풀어냈으니 이제 낯설다는 말은 절~대 하지 마!

고려가 얼마나 활달하고 번영한 나라였는지 벽란도 이야기만 들어도 알게 되지 않았니? 그리고 세계 무역을 통해 들어온 여러 나라의 문화와 사상이 함께 어우러졌던 나라란 것도 알게 되었지? 물론 삼국 시대나 남북국 시대도 고려만큼이나 세상과 활발하게 교류하며 발전했어. 그런데 고려는 한 가지 더 큰 일을 해냈단다. 그건 '코리아'라는 국제적인 이름을 얻었고 그 자랑스러운 이름은 지금까지도 불리고 있다는 거야. 그것 하나만으로도 고려는 우리 역사에 아주 큰 공을 세운 거 아닐까? 그 공을 세우는 데는 바람보다 빠른 고려의 배도 한몫했다는 것을 또 한 번 강조하면서 나는 이제 그만, 안~녕!

저자가 직접 강의하는 호락호락 한국사 2장
왼쪽의 QR코드를 찍어서 저자의 강의를 들어 보세요!
만약 QR코드가 안 될 경우에는 아래 링크로 들어오세요.
https://blog.naver.com/damnb0401/221202187962

바닷길로 보는 고려의 무역도란다

벽란도는 개경 근처 예성강 하구에 있는 고려의 국제 무역항이야. 세계 여러 나라 상인들로 늘 붐볐지. 이때 다녀간 아라비아 상인들은 고려를 '코리아'로 세상에 알렸단다.

> 우리 고려 인삼은 최고로 인기 있는 수출품이야.
> 종이와 먹도 최고 상품으로 송에 수출되었지.
> 아라비아 상인들이 100여 명이나 와서 왕에게
> 토산물을 바쳤다던걸!

복원된 청자 운반선

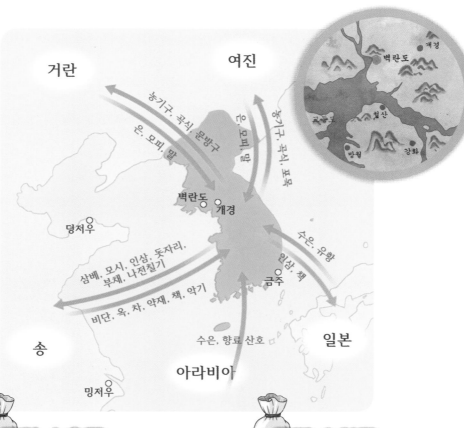

거란

여진

벽란도

개경

철산

곡두도

망월

강화

농기구, 곡식, 문방구

은, 모피, 말

농기구, 곡식, 포목

은, 모피, 말

덩저우

벽란도

개경

수은, 유황

인삼, 책

삼베, 모시, 인삼, 돗자리,
부채, 나전칠기

금주

비단, 옥, 차, 약재, 책, 악기

수은, 향료, 산호

일본

송

아라비아

밍저우

고려 수출품

송 삼베, 모시, 인삼, 돗자리, 나전칠기, 종이

거란 농기구, 곡식, 문방구

여진 농기구, 곡식, 포목

일본 곡식, 인삼, 서적

아라비아 금, 은, 비단

고려 수입품

송 비단, 약재, 서적, 자기

거란 은, 모피, 말

여진 은, 모피, 말

일본 유황, 수은

아라비아 수은, 향료, 산호

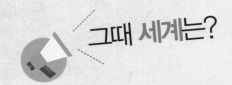

이슬람 상인은 세계의 온갖 물건을 날랐지

이슬람 상인은 낙타를 타고 사하라 사막을 건너 서아프리카까지 갔지. 그리고 삼각배인 다우선을 타고 인도양까지 세계의 온갖 특산물을 날랐어. 중국의 종이, 나침반, 화약을 서양에 전하고 그리스 로마의 문화도 서유럽에 전했지. 고려도 이슬람상인과 교역을 하며 개방적이고 국제적인 문화를 만들었어. 이슬람 상인들은 세계 문화의 배달부였단다.

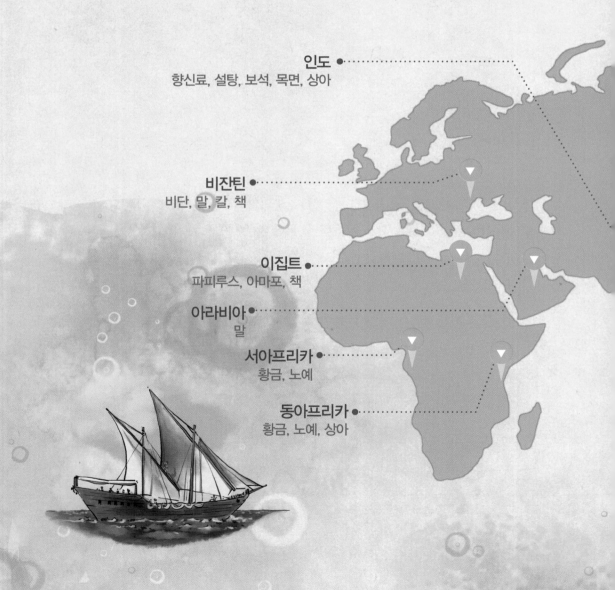

인도
향신료, 설탕, 보석, 목면, 상아

비잔틴
비단, 말, 칼, 책

이집트
파피루스, 아마포, 책

아라비아
말

서아프리카
황금, 노예

동아프리카
황금, 노예, 상아

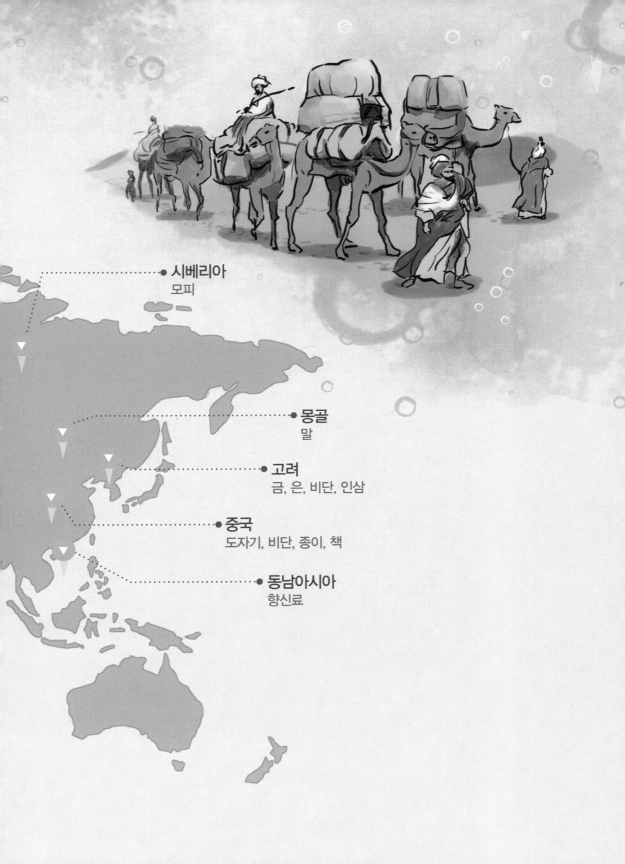

시베리아
모피

몽골
말

고려
금, 은, 비단, 인삼

중국
도자기, 비단, 종이, 책

동남아시아
향신료

1100 ● 1108년 여진 정벌과 9성 축조

● 1135년 묘청의 난

● 1170년 무신의 난

● 1176년 망이 망소이의 난

● 1196년 최충헌 집권

● 1198년 만적의 난

1200 ● 1231년 몽골의 침입

● 1232년 강화도 천도
처인성 전투

● 1251년 팔만대장경 완성

● 1259년 몽골과 강화

● 1270년 삼별초 항쟁

1300 ● 1351년 공민왕 즉위

● 1363년 문익점의 목화씨

● 1377년 직지심체요절 인쇄
화통도감 설치

● 1388년 위화도 회군

● 1392년 7월 고려 멸망

3장

고려는 다른 나라의 침략을 많이 받았지

나는 몽골이 고려를 쳐들어왔을 때 백성들과
함께 몽골군을 물리친 김윤후라는 사람이야.
승려였던 나는 백성들과 함께 처인성 전투를
승리로 이끌어 장군이 됐단다. 안타깝게도 고려가
다른 나라의 침략으로 어려워진 이야기를 내가 하게 됐구나……

김윤후가 들려주는 고려 이야기

『호락호락 한국사』를 읽는 친구들, 김윤후라는 내 이름이 낯설지도 모르겠군. 나는 원래 고려의 승려였어. 그러나 몽골군이 쳐들어와 우리 고려인을 죽이는데 불법만 외우고 있을 수가 없었지. 그래서 무기를 들고 백성들과 함께 싸웠다네. 다행히 크게 이겨 그 공으로 장수가 되었지.

고려의 전성기가 끝나면서 여러 가지 문제가 생기고 힘든 사건을 많이 겪게 되었는데 내가 그 이야기를 하게 되었어. 잘 나가던 때의 이야기를 전하던 고려의 배가 부럽구먼. 하지만 누구든 해야 할 이야기니 어쩌겠나? 마음을 다해 전해 보려네.

여진족의 침략 VS 윤관의 별무반

여진족은 오래전부터 우리와 섞여 살던 민족이었지. 고구려인과 함께 발해를 세우기도 해서 고려를 어버이의 나라로 섬기며 조공을 바치기도 했어. 그러나 힘이 좀 세어지면 약탈을 일삼아 때로는 힘으로 누르고 때로는 집과 땅을 주어 정착시키기도 했는데…… 12세기 숙종 때에 이르러 힘이 강해지더니 두만강 쪽의 마을을 공격하기 시작했어.

유목 민족은 한곳에 모여 사는 것이 아니라 가축에게 풀을 먹이려고 초원을 따라 움직이기 때문에 힘을 모으기가 어렵다네. 그런데 강력한 지도자가 나타나면 들판에 불이 번지듯 단숨에 거대하고 힘센 집단을 만들기도 하지. 그때마다 세계사를 뒤흔들었는데 고려 시대에 특히나 그런 일이 자주 일어나더군. 거란이 세운 요나라가 그랬고 뒤이어 강대해진 여진족은 금나라를 세우며 우리를 궁지로 몰아넣었지. 그 뒤를 바로 이어 일어난 몽골족은 아예 세계를 휩쓸며 우리를 사위의 나라로 만들었어. 먼저 여진족 이야기부터 하겠네.

고려에 고분고분하던 여진족의 침략으로 피해가 커지자 숙종은 정벌에 나섰는데 두 번이나 크게 지고 말았어. 북방 민족들은 워낙 말을 잘 타는 데다 움직임도 재빨라 이기기 힘든 상대라네. 조공을 받던 여진족에게 두 번이나 크게 지자 윤관은 숙종에게 병력을 늘리고 기병을 키워야만 여진족을 이길 수 있다는 의견을 올렸지. 옳다고 생각한 숙종은 말이 있는 사람은 기병으로, 무기를 들 수 있는 사람은 보병으로, 무예를 익힌 승려는 승병으로 군인들을 총동원했어. 보병과 기병 그리고 승병으로 이루어진 정예 부대, 별무반을 꾸려 고려인의 자존심을 건 전쟁을 준비했던 게야.

1107년 17만을 이끌고 여진 정벌에 나선 윤관은 술수를 잘 부리는 여진족을 기습할 작전을 짰다네. 포로로 잡힌 여진족 추장을 모두 풀어 주겠다고 하니까 400여 명의 추장들이 몰려왔지. 그들에게 술과 음식을 대접하자 이내 마음이 풀려서 다들 취해 버렸다네. 그 다음엔 어찌 됐을까? 술에 취해 있던 400여 명의 추장들은 모두 죽임을 당했고, 지휘관을 잃은 여진족은 우왕좌왕하다가 뿔뿔이 흩어져 달아나고 말았지.

이렇게 계략까지 부려 기선 제압을 했지만 여전히 여진족은 거세게 대항해서 정벌하기가 여간 어려운 것이 아니었다네. 마침 척준경이라는 훌륭한 무장이 여진족 추장의 목을 베며 고려군의 사기를 올려 겨우 승리할 수 있었지. 어렵게 여진족을 몰아낸 윤관은 동북쪽 땅에 9개의 성을 쌓아 고려의 땅임을 만천하에 알렸어. 점령한 땅에 동북 9성을 쌓아 반드시 여진족을 물리쳐 고려의 영토를 넓혀 달라던 숙종의 유언을 지킨 거지. 숙종은 여진족에게 크게 졌던 윤관을 끝까지 지지해 주었거든.

그런데 여진족이 동북 9성을 돌려달라며 필사적으로 매달렸어. 자신들이 살던 곳이니 여진족들은 간절할 수밖에 없었지. 그러나 여진족의 침략에 시달리며 어렵게 되찾은 땅을, 게다가 백성들이 힘들여 쌓은 9개의 성을 도로 내줄 순 없지 않은가? 하지만 이게 웬일인지, 조정은 1년 만에 여진족에게 동북

여기는 고려 땅!

척경입비도

9성을 내주고 말았다네. 끈질긴 여진족의 침략 때문에 이주한 백성들이 살기 어렵고 그 땅을 지키려면 병력과 군비가 많이 든다는 것이 이유였지.

패배한 여진족이 고려를 향해서는 깨진 기왓장 한 조각도 던지지 않고 조공을 바치겠다고 울면서 매달리니 못 이기는 척 평화 협상을 해버린 게야. 그러고는 여진족을 물리쳤다고 추켜세웠던 윤관을 허망한 전쟁에 국력을 낭비한 죄인이라며 관직마저 빼앗아 버렸지. 윤관은 얼마 뒤 재상으로 다시 부름을 받았지만 거절하고 쓸쓸히 세상을 떠났단다······.

윤관과 수많은 병사들 그리고 백성들이 목숨을 걸고 찾은 땅을 여진족에게 돌려준 뒤 얼마 못 가 1115년 그들은 금나라를 세웠어. 힘이 강해지자 어버이의 나라로 섬기다던 말을 바꾸어 형제 관계를 맺자고 요구했지. 그리고 십 년 뒤엔 북방의 강대국이던 요나라를 무너뜨리더니 대놓고 고려에게 금나라를 섬기라고 했어. 고려 조정과 백성들은 분노했지만 국제 상황이 고려에게 불리했기 때문에 그들의 요구를 들어줄 수밖에 없었지. 조공을 받던 여진족에게 조공을 바치게 되자 고

금나라의 침략으로 송나라가 남쪽으로 밀려 내려가서 남송이라고 하는 거야.

려인들은 사기가 꺾일 대로 꺾일 수밖에 없었어…….

　다른 나라의 도움 없이 스스로 후삼국을 통일했던 고려, 북방의 강대국인 요나라가 14번이나 침략을 했는데도 끄떡없이 대군을 물리쳤던 고려, 그 힘으로 전성기를 이뤘던, 중국이 하나도 부러울 게 없다던 그 고려는 어디로 간 것인가? 처음 나라를 세울 때의 강건한 기풍이 사라져 애써 찾은 땅마저 내주더니, 고려라는 배는 수많은 암초에 부딪치기 시작했다네…….

신하들의 반란

우리 귀족들은 풍요롭고 우아하게 산다네!

아집도

　호족들의 힘을 꺾느라 실시했던 과거제도는 폭넓게 인재를 활용할 수 있는 제도로 여겨졌지. 지방에서 유학을 공부한 사람들도 개경의 관리가 될 수 있었으니까. 그런데 5품 이상의 높은 관리의 자제는 시험을 보지 않고도 관리가 되는 음서제가 있었어. 이건 높은 귀족에게 주어진 특혜였지. 또한 나라에 공이 많은 관리에게는 공음전이라는 토지를 주었는데 자손 대대로 물려줄 수도 있었어. 이렇게 나라 땅을 귀족들이 세습해 버리면 백성들이 일궈야 할 땅이 줄어들지. 이런저런 특혜를 받는 사람들이 늘어 저들끼리 똘똘 뭉치며 뒷배를 봐주기 시작하면 나라는 반드시 어지러워지는 법인데…….

고려가 안정되면서 여러 세대에 걸쳐 높은 관리가 나오고 왕실과 혼인하는 집안이 생겨났는데 이들을 문벌 귀족이라 했지. 이들은 막강한 권력을 휘두르며 부귀영화를 누렸어. 문벌 귀족도 신라 귀족들처럼 권력을 독차지하고 화려한 귀족 사회를 만들어 갔다네. 그러더니 진취적인 기상은 잃어버리고 자기 집안의 잇속을 챙기는 데 더 관심이 많아지더군. 동북 9성처럼 어렵게 되찾은 땅도 지키기 힘들다고 포기할 만큼 북진 정책의 힘찬 기상을 다 잃어버렸지. 쯧쯧.

이자겸의 반란

문벌 귀족 중에 인종의 외할아버지이면서 장인인 이자겸이라는 신하가 있었어. 이자겸 집안은 5명의 왕에게 10명의 딸을 시집보낸 최고 문벌 귀족이었지. 권력과 재력이 왕보다 커지자 왕위를 넘보기까지 했어. 궁궐에 불을 지르고 왕을 가뒀을 뿐만 아니라 독이 든 떡을 보내 죽이려고도 했지. 오죽했으면 견디다 못한 인종이 왕위를 넘기겠다고 했을까?

온갖 악행을 저지르던 이자겸은 결국 쫓겨나 귀향지에서 죽고 80여 년간 권력을 누렸던 집안은 풍비박산이 나고 말았는데 이 사건을 이자겸의 난이라고 한다네. 이렇게 왕의 힘을 능가하는 문벌 귀족이

제 이익을 먼저 챙기며 권력을 휘두르는 것이 고려의 큰 문젯거리가
되어 가고 있었지.

묘청의 서경 천도 운동

이즈음 개경의 기운이 다했으니 도읍지를 서경(평양)으로 옮겨 새
기운을 얻어야 한다는 묘청이라는 승려가 나타났어. 묘청은 자기를
지지하는 사람들과 함께 왕을 다시 황제라 부르고 연호도 쓰면서 고
려의 위상을 되찾자고 했지. 아울러 금나라가 더 커지기 전에 정벌하
자는 주장도 펼쳤어. 왕위까지 넘보는 문벌 귀족에게 신물이 난 인종
은 서경으로 천도하는 일에 찬성했지. 하지만 인종이 서경에 행차했
을 때 천둥과 벼락이 내리치고 비바람이 어찌나 심하게 불던지 왕이
길을 잃는 일이 벌어졌다더군. 게다가 밤에는 매서운 눈보라가 몰아
쳐 사람과 말이 얼어 죽는 사건까지 겹쳤지.

그러자 서경 천도가 이뤄지지 않을지도 몰라 불안했던 묘청은 기
이한 술수를 부렸다네. 대동강에 끓는 기름을 부은 큰 떡을 가라앉혀
기름이 수면으로 떠올라 오색 빛깔로 빛나게 한 다음

"대동강의 신룡이 침을 토하여 오색구름을 만드니 상서로운 일입니다."

라면서 인종이 서경으로 천도하기를 재촉했지. 그 오색구름의 형
상이 너무 과했던지 인종은 진상을 알아보도록 했고, 가짜임이 들통
나자 묘청은 인종의 신임을 잃고 말았단다.

개경의 신하들은 묘청을 처단하라는 목소리를 높였고 모든 일이
틀어진 묘청은 스스로 서경에서 나라 이름을 바꾸고 독자 연호도 만

들었지. 그리고 인종에게 서경으로 천도하기만을 간청했어. 반란이라면 자신이 왕이 되려 하거나 왕을 바꾸려 했을 텐데 묘청은 그러지 않았으니 반란으로 보기는 어려웠지.

하지만 서경 천도를 반대하던 사람들은 묘청 세력을 진압하며 묘청과 그의 지지자들을 천하의 역적으로 몰고 갔어. 개경에서 부귀영화를 누리는 문벌 귀족들은 서경으로 천도하면 그들이 누리던 것을 잃을까 봐 두려웠던 게야. 그래서 묘청의 요구를 반란으로 몰아 아예 그 싹을 자르려 했지. 개경의 문벌 귀족인 김부식은 반란군을 진압하는 대장이 되어 묘청 세력을 몰아냈어.

묘청의 서경 천도 운동은 고려의 자주성과 북진 정책이라는 진취성을 다시 한 번 드러내려는 움직임이었단다. 그런데 이것이 실패로 끝이 나면서 고려가 세상의 중심이라는 자부심도 함께 사라졌지.

나중에 항일 운동에 몸을 바쳤던 단재 신채호 선생이 서경 천도 운동을 일천 년 역사 중에 가장 큰 사건이라 아쉬워했다더군. 그건 묘청을 높이 평가한 것이 아니라 고려의 자주성과 진취성을 되찾으려는 사람들이 사라진 것을 안타까워한 게야. 오히려 묘청은 경솔하여 일을 망친 인물이라 했다던데 나도 그리 생각한다네.

무신들의 반란

묘청의 난을 진압하면서 더욱 세력을 굳힌 개경의 문벌 귀족들은 사치와 향락에 젖어들었지. 이때에 왕이 된 의종은 경치 좋은 곳마다 정자를 지어 자기의 비위나 맞추는 신하들과 술판을 벌였으니 나라꼴이 어찌 됐겠는가?

　의종과 신하들은 이렇게 흥에 겨워 태평성대를 노래했지만 그건 왕과 귀족들만의 태평성대였지, 백성들과 함께한 것은 아니었어. 오히려 백성들은 정자 짓는 부역에 끌려 나와 고통을 당하고 있었지.

　중미정이라는 정자를 지을 때의 이야긴데 들어보게.

'야심사' 란 노래의
한 구절이야

꽃은 병에 가득하고
술은 잔에 넘치며
임금과 신하, 임금과
신하가 모두 태평세월에
취한다네……

　의종은 영취산 자락의 흐르는 물을 막아 연못을 만들고 그 연못가에 정자를 세우려 했어. 그 때문에 주변의 백성들은 아침부터 끌려 나와 일을 해야만 했지. 나라에서는 하루 종일 일을 시킬 뿐 밥 한 끼도 주지 않아 백성들은 자기가 먹을 것을 마련해 와야 했다네. 그러나 그 한 끼마저 가져올 수 없었던 가난한 남자가 있었지. 고된 일을 함께 하던 사람들은 날마다 한술씩 밥을 덜어 인정을 나눴는데, 그 이야기를 들은 남자의 아내는 마음이 아프기도 하고 고맙기도 했어.

그래서 하루는 밥과 찬을 넉넉하게 마련하여 그동안 신세를 졌던 사람들에게 대접했지. 가난하디 가난한 살림에 그 많은 음식을 가져 온 아내가 의심스러웠던 남편은 이게 다 어디서 난 것이냐며 불같이 화를 냈어. 그러자 아내는 머리를 동여맸던 수건을 풀어 싹둑 잘린 머리카락을 보여 주었지. 머리카락을 팔아 음식을 마련해 왔던 게야. 남편은 미안함과 애처로움에 눈물을 흘렸고 그 모습에 사람들도 슬퍼했단다…….

차마 목이 매어와 밥 한 끼도 편히 먹을 수 없는 백성들이 어찌 이

들뿐이었을까? 그런데도 의종과 신하들은 경치 좋은 곳을 찾아다니며 놀이에 빠져 있었지. 그때마다 무신들이 동원됐는데 왕과 문신들

수박희
몸을 부드럽게 움직이면서
상대를 공격하는 우리나라
전통 무예란다.

의 안전을 지켜주고 **수박희**라는 무예를 펼쳐 즐겁게 해주기 위해서였다나? 무신들은 호위를 하느라 하루 종일 서서 끼니를 굶는 건 예사였고, 추운 날엔 얼어 죽기도 했다더군. 그러니 불만이 쌓였겠지.

그러던 어느 날 지위가 높은 대장군이 수박희가 신통치 않다는 이유로 지위도 낮고 나이도 어린 문신에게 뺨을 맞는 사건까지 벌어졌다네. 아무리 문신들이 우대받는 세상이라지만 이건 있을 수 없는 일이었지. 이 사건을 빌미로 무신들은 그동안 품어 왔던 불만을 터뜨렸어.

1170년 무신의 난이 일어났던 게야! 무신들은 의종을 죽이고 명종을 세우면서 문신들을 닥치는 대로 죽였단다. 150여 명의 문신들이 죽었다니 무시무시한 대혼란이 벌어진 거지. 이런 무신들 행패에 여기저기서 반발이 일어났지만 정권을 잡은 무신들은 힘으로 억누르며 100여 년간이나 그들의 세상을 만들어 갔단다.

백성들의 봉기

무신들 사이에서도 권력 다툼은 이어져 여러 번 최고 권력자가 바뀌면서 사회는 더 어지러워졌어. 무신들은 모처럼 잡은 자신들의 권력을 다지느라 정신들이 없더구나. 나라의 제도가 흔들려도 바로 잡을 수가 없었지. 문벌 귀족이나 무신이나 나라와 백성은 안중에도 없었던 게야.

백성들을 정말 고통스럽게 한 것은 엉망이 된 토지 제도였어. 힘을 가진 관리들이 불법으로 땅을 많이 차지해서 백성들이 일굴 땅이 줄어들었지. 게다가 가진 게 없었던 무신들마저 새로 얻은 힘으로 백성들의 땅을 마구 빼앗아 재산을 불리니 백성들이 어찌 됐겠는가? 더욱 살기 힘들어진 백성들은 고향을 떠나 떠돌다가 산골짜기로 들어가 화전민이 되거나 도적이 되기도 했지. 어디선가 들은 이야기 같다고? 그래, 신라 말기에 일어났던 일이 12세기 고려에서도 일어났던 게야. 그래서 백성들 사이에선 이런 노래가 불렸지.

살어리 살어리랏다
청산에 살어리랏다
머루랑 다래랑 먹고
청산에 살어리랏다
얄리 얄리 얄라셩 얄라리 얄라~

청산별곡이라는 노래야

머루랑 다래랑 먹고 푸른 산속에 산다니 꽤 낭만적이라고 생각할지 모르겠지만 천만의 말씀! 어찌 사람이 머루와 다래만 먹고살 수 있단 말인가? 지배자의 지나친 수탈에 쫓겨 산골짜기에 숨어 나무 열매로 목숨을 이어야 했던 가련한 백성들이 눈물을 흘리며 부른 노래였어.

이렇게 궁지에 몰린 백성들은 더 이상 참을 수가 없었지. 게다가

향, 소, 부곡
하층민들이 사는 지역으로
일반 백성들보다 세금도
더 많이 내고 나라에 필요
한 특별한 물품까지 만들었
는데 이주의 자유도 없었어.

문벌 귀족이 아닌 신분이 낮은 사람들이 나라의 권력을 쥐락펴락하는 것을 보면서 그동안 참아 왔던 불만을 터뜨렸어. 여기저기서 들고 일어나 억울함을 호소하며 세상이 달라지길 바랐지.

특히 군과 현에도 낄 수 없는 작은 마을이나 나라에 바쳐야 하는 물건을 만드는 향, 소, 부곡민의 저항이 거셌어. 이들은 다른 백성들처럼 세금을 내야 하는 것은 물론이고 나라의 땅을 대신 농사지어 주거나 도자기, 먹, 종이 같은 특산물을 만들어 바쳐야 했으니 훨씬 고달팠거든. 이들의 바람은 그저 현으로 올려 주어 힘든 노역을 좀 벗어나게 해 달라는 것이었어. 거센 저항에 놀란 조정은 힘으로 누르기도 하고 때로는 현으로 올려 주며 백성을 달랬지만 근본적인 토지나 세금 문제는 고치지 않았지.

그나마 백성들은 폭정에 시달리면 도망이라도 갈 수 있었지만 그마저 할 수 없는 사람들이 있었어. 평생을 말하는 짐승으로 주인에 묶여 살아야 하는 노비들이었지. 천한 사람들도 관직에 올라 권력을 휘두르자 노비들도 신분의 억압을 벗어나려 했어.

무신정권을 마지막으로 거머쥔 최충헌의 노비인 만적이 '왕후장상의 씨가 따로 있는 것이 아니다'라는 유명한 말로 동료 노비들과 세상을 바꿔 보려고 했지. 왕후장상은 왕과 제후, 장수와 재상을 이르는 말이니 높은 신분이 따로 있는 것이 아니라 누구든 힘을 가지면 높은 신분이 된다는 거였어. 제 주인, 최충헌이 권력을 잡더니 왕을

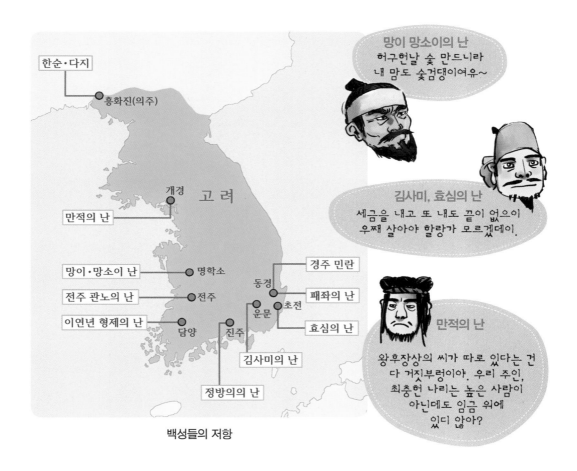

백성들의 저항

마음대로 세우고 내치는 모습을 봤던 게지. 세상의 신분 제도가 흔들릴 만큼 고려는 요동치고 있었던 거라네.

그러나 봉기에 모인 노비들이 적어서 뒷날을 약속했는데 그만, 불안을 느낀 노비 한 명이 주인에게 고자질을 해버렸어. 봉기를 계획했던 100여 명의 노비들은 꽁꽁 묶인 채 강물에 던져져 죽고 말았지. 사람답게 살고 싶다는 이들의 절박한 꿈은 700년 뒤에나 이룰 수 있었다더구나. 쯧쯧. 사람이 어찌 같은 사람을 말하는 짐승으로 평생을 부릴 수 있단 말인가? 그것도 같은 고려인을……. 참으로 부당하고 파렴치한 제도였지.

몽골의 침략

무신정권을 이끌게 된 최충헌의 세력은 막강했어. 권력을 제 마음대로 휘두르며 왕을 세우기도 하고 내치기도 했으니 고려는 최 씨의 나라가 됐던 게야. 나라꼴은 이렇게 갈수록 한심해지는데 국제 정세마저 심상치 않았지.

한동안 갑작스럽게 일어난 금나라가 요나라를 무너뜨리고 송나라와의 전쟁에서도 이겨 송나라 북쪽의 땅을 다 차지하더구먼. 그렇게 위세를 떨치더니 갑자기 몽골군에게 밀리기 시작했어. 몽골의 초원에 칭기즈칸이라는 영웅이 나타났다네! 금나라의 위세에 맥을 못추던 몽골족이 칭기즈칸의 지도력에 하나로 뭉쳤지. 그러더니 13세기를 몽골의 시대로 만들더구나. 금나라쯤은 이제 아무것도 아니었어. 몽골군 역시 마른 들판에 불 일어나듯 순식간에 아시아는 물론 유럽까지 공포로 몰아넣으며 세계 역사상 가장 큰 제국을 건설했지.

몽골은 강대해지자 고려에게 무리한 공물을 요구하기 시작했어. 몽골의 사신 저고여는 어찌나 무례하던지 왕 앞에서 조공품이 마음에 차지 않는다며 내던지기까지 했다네. 몽골이 요구한 조공은 예의

상 하는 조공이 아니라 수탈에 가까웠지. 그런데 조공품을 잔뜩 가지고 돌아가던 저고여가 살해당하고 말았지 뭔가? 몽골은 이것을 핑계 삼아 1231년 고려를 침략했어. 기동력과 전투력이 뛰어난 데다 항복하지 않으면 살아 있는 것은 다 죽이고 마는 몽골군을 상대하는 것은 참으로 버거웠지.

그런데도 평안북도의 귀주성을 지키던 박서와 김경손은 죽을힘을 다해 몽골군을 물리쳤어. 몽골군이 성을 부수려 하면 화살과 바위를 날려서 막고, 땅굴을 파고 들어오면 쇳물을 부어 막아냈지. 불을 질러 공격해 들어오면 진흙을 던져 불을 끄고, 기습 공격까지 펼쳐 몽골군을 아주 혼비백산하게 만들었다네.

김경손은 팔꿈치에 화살을 맞아 피가 철철 흐르는데도 꿈쩍하지 않고 싸웠지. 한 달간에 걸친 끈질긴 저항에 지친 몽골의 장수는 낙심하고 말았지. 평생 여러 전투를 겪었지만 이렇게 맹렬한 공격을 받고도 항복하지 않는 곳은 처음이라며 고개를 절레절레 흔들며 물러났다더군.

하지만 귀주성을 포기하고 다른 길로 진격한 몽골군에게 개경이 포위당하고 말았어. 고려 조정은 몽골의 요구를 들어주고 전쟁을 끝내려 했는데 몽골의 요구는 감당하기 어려울 정도였지. 그러자 최 씨 일가가 이끄는 무신정권은 끝까지 몽골에 대항하겠다면서 강화도로 천도를 결정했어. 강화도는 해안의 지형이 험해서 해전에 약한 몽골군을 막아내기 그만이었지. 게다가 세금을 거둬들이는 조운선을 관리하기에 좋은 곳이었거든. 그런데 개경의 백성들만 강화도로 데리고 가다니, 도대체 나머지 백성들은 어쩌란 말인가?

조운선
세금으로 바칠 물건을 실어 나르는 배야.

귀주성을 지키는 건 사람의 힘이 아니라 귀신의 힘이다!

몽골장수

몽골군은 보란 듯이 6차례나 고려를 침략했는데, 2차 침략은 강화
도로 천도한 고려에게 다시 개경으로 나올 것을 요구하며 시작됐지.
2차 침략 때도 살리타이가 군사를 이끌고 왔는데 별
어려움 없이 수원까지 밀고 내려왔어. 고려 정예병
들은 강화도의 무신정권을 지키느라 바빴고 이름뿐
인 **관군**은 몽골군의 상대가 되지 못했거든.

관군
나라에 소속된 정규 군대야.

그때 승려였던 나, 김윤후는 천대받던 부곡민들과
함께 처인성의 곡식 창고를 지키고 있었다네. 우린 군인이 아니었지
만 화살을 날리며 필사적으로 싸웠지. 우리가 쏜 화살에 살리타이가
죽어버리자 지휘관을 잃은 몽골군은 허둥지둥 떠나버리더군. 몽골의
정예 부대를 지원군도 없이 백성들 스스로 막아낸 거라네! 그래서 처
인성은 현으로 올려지고 공을 세운 관가의 노비와 부곡민은 낮은 신
분에서 벗어나 무거운 부역을 지지 않아도 되었지.

고려 조정은 처인성의 공로를 인정하여 내게 무인에게는 최고직
인 상장군을 내리더군. 나는 극구 사양하고 받지 않았어. 처인성을
지켜낸 건 노비와 부곡민들이었지, 내가 아니었거든. 그리고 고려의
백성으로 제 나라를 지키는 것은 당연한 일 아닌가?
백성들을 지킬 지원군이나 제때 보내주면 좋겠다는
생각을 했을 뿐이네.

송문주
귀주산성에서 박서와 함께
살리타이를 물리치고
죽주산성에서도 몽골군을
물리쳤지.

3차 침략은 5년간이나 이어져 고려의 전 지역이
피해를 입었지만 죽주성의 **송문주**와 백성들은 15일
에 걸친 몽골군의 공격을 막아냈지. 세계를 정벌한

몽골군의 체면이 말이 아니었을 게야. 하지만 황룡사 9층 목탑이 불타 버리는 안타까운 일도 벌어졌어. 싸움에 진 고려인들은 몽골군 화살받이가 되어 종족에게 죽임을 당하는 처참한 광경도 벌어졌고, 몽골군의 위세에 놀란 사람들 중엔 몽골군의 앞잡이가 되는 사람도 있었지. 백성들은 몽골군의 참혹한 살육에 울부짖고 고려 조정이 백성을 지켜 주지 못하는 것에 분노했어. 이런 마음을 다독이느라 무신 정권은 2차 침략 때 타버린 초조대장경을 대신할 팔만대장경을 만들기 시작했지. 부처님 힘으로 몽골군이 물러나길 바라는 마음에서였다네. 그러나 백성들에겐 가족과 마을을 지킬 군대가 더 간절하지 않았겠나?

몽골군이 5차 침략을 했을 때 나는 충주성을 지키는 무장이 되어 있었다네. 백성들과 함께 70여 일이나 몽골군의 침략을 막아내고 있었지. 오랜 시간 몽골군에 포위되어 성을 지키다 보니 성안의 식량은 바닥이 나고 백성들 사기는 점점 더 떨어져 갔어. 나는 이들의 기운을 북돋아 주기 위해 노비 문서를 불태우며 말했지.

"힘을 다해 싸운다면 신분을 가리지 않고 벼슬을 내리겠소."

그러자 노비들로 이루어진 군대인 노군들은 바람처럼 내달려 몽골군을 맹렬하게 공격했다네. 기습 공격에 무너진 몽골군은 기가 질려 물러가고 말았지. 노군들은 자신이 죽더라도 자식이 노비의 신분을 벗길 바랐기 때문에 죽을힘을 다해 싸웠던 게야. 번번이 승리하여 고려를 지켜낸 건 제 나라의 보호도 받지 못하는 힘없는 백성과 노비들이었다네……

약속대로 충주성을 지켜낸 모든 사람들은 노비였든, 백정이었든 상관없이 다 벼슬을 받았어. 나는 약속을 지킬 수 있어서 정말 기뻤지. 고려는 이런 백성들이 있었기에 몽골에게 결코 만만하지 않은 나라가 될 수 있었네. 그런데 만약에 말이야, 고려 조정이 충주성의 천민만이 아니라 몽골과의 싸움에서 이긴 모든 천민에게 벼슬을 내리겠다고 했다면 30여 년간 몽골과 싸워 이긴 유일한 나라가 됐을지도 모르지…….

6차 침략은 여전히 개경으로 나오지 않는 고려 정부를 압박하기 위해 6년이나 계속되었고 백성들의 피해는 이루 말할 수 없이 참혹했어. 몽골군에게 사로잡힌 사람은 20만 6800여 명이나 되었고 죽은 사람들도 헤아릴 수 없이 많았지. 몽골군이 지나간 자리는 아예 잿더미가 되어 닭 울음소리도, 개 짖는 소리도 들리지 않았으니까. 그런

데도 무신정권은 강화도만 지킨 채 나오지 않더군. 제 나라 땅이 폐허가 되든지 말든지…… 제 나라 백성들이 다 죽든지 말든지…… 포로로 끌려가 죽도록 일만 하다 서럽게 눈을 감든지 말든지!

이렇게 30여 년이나 몽골군의 침략을 받았는데도 나라는 지원군을 제대로 보내지 않았으니 제 백성 하나 지켜 주지 않는 나라가 무슨 나라라 할 수 있겠는가? 그런데도 무신정권은 강화도에 개경을 그대로 옮겨 놓은 듯 화려하고 풍요롭게 살았지. 날마다 잔치를 벌이면서 말이야. 그래서 나는 무신정권이 몽골에 맞서려고 강화도로 천도했다는 말을 곧이곧대로 믿을 수 없다네. 몽골의 침략으로 권력을 잃을까 두려워 백성은 내팽개치고 저들의 안전만 지키고 있었으니까. 그러면서도 꼬박꼬박 세금은 거둬 갔으니 백성들의 원망이 얼마나 컸겠는가!

삼별초 항쟁

몽골 침략이 계속되자 무신정권 안에서도 분열이 일어나 최 씨 무신정권의 마지막 권력자 최의가 무인들에게 죽임을 당했어. 몽골 침략이 시작된 지 40여 년 만에 백기를 들어버린 거지. 이 과정에서 왕과 문신 관리들은 개경 환도를 서두르고 무신정권을 지키던 사람들은 개경 환도에 반대하면서 삼별초의 항쟁은 시작됐다네.

삼별초는 원래 최 씨 무신정권을 지키는 사병 집단이었어. 하지만 몽골에 맞섰던 군인들도 섞여 있어 40년이나 버티다 항복한다는 것이 영 못마땅했겠지. 게다가 항복한 고려 조정과 몽골이 삼별초 군인들을 없애려 했기 때문에 끝까지 몽골에 대항하는 길을 택했다더군.

배중손은 강화도에 남아 이미 개경으로 나가 항복한 원종을 폐하고 왕온을 왕으로 내세워 몽골에 대항하는 나라를 세웠어. 이 땅에 몽골에 항복한 고려와 몽골에 대항하는 고려, 두 개의 정부가 들어선 셈이지. 그런데 강화도가 개경과 너무 가까워 빠져나가려는 사람도 많은 데다 진압군이 오기도 쉬울 거라 생각한 삼별초는 먼 곳에 근거지를 마련하기로 했어.

원종은 몽골군에게 항복하고 개경으로 돌아온 왕이고, 왕족이었던 왕온은 삼별초에게 추대되어 몽골에 항쟁했던 왕이야.

그래서 1000척의 배에 사람과 재물을 싣고 진도로 내려갔지. 진도는 넓고 땅이 기름질 뿐만 아니라 물길이 울며 돌아간다는 울돌목이라는 거친 바다가 있었기 때문이네. 울돌목은 물길이 하루에도 네 번이나 바뀌며 회오리치는 곳이라 해전에 약한 몽골군은 물론 해전에 강한 고려군을 막아내기에도 그만이었거든.

배중손은 새로 세운 조정답게 진도 둘레에 튼튼한 용장성을 쌓고 궁궐도 지어 나라 꼴을 갖췄어. 그리고 개경으로 들어가는 곡식을 실은 세운선을 털어 재정도 넉넉해지자 남해안 일대로 세력을 점점 넓혀 나갔지. 개경의 조정과 몽골군은 힘을 합쳐 삼별초를 무너뜨리려 했지만 거센 저항에 밀려 번번이 지고 말았다네. 삼별초의 승리는 전라도와 경상도의 백성들, 멀리는 개경의 노비들까지 들썩이게 만들었지. 고려 조정이 백성을 지켜 주지도 못하면서 수탈은 여전했기

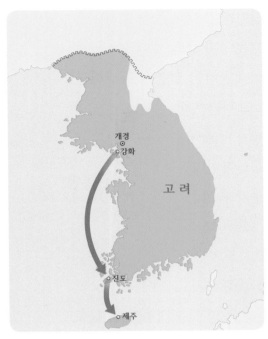

삼별초 이동 경로

때문이지. 그리고 몽골군의 잔악한 침략에 가족과 이웃을 잃은 슬픔 때문에 삼별초를 응원했던 거라네. 그 덕분에 삼별초의 기세는 하늘을 찌를 듯했고, 몽골군 장수는 겁을 먹고 줄행랑을 쳤다가 파면당하기까지 했다더군.

삼별초 항쟁 때문에 계획했던 일본 정벌이 늦어지자 몽골은 진도를 무너뜨리기 위한 총공격에 나섰어. 워낙 많은 여몽 연합군이 밀려들자 배중손은 싸우다 죽었고 삼별초는 근거지를 제주도로 옮길 수밖에 없

었지. 그러나 제주도로 옮겨가서도 김통정의 지휘 아래 항파두성을 쌓아 근거지로 삼고 여전히 몽골군을 괴롭혔어. 조정은 삼별초를 회유하

용장성(진도)

항파두성(제주)

기 위해 애를 썼지만 모든 걸 잃은 그들은 더 결사적으로 맞섰다네. 그러자 1만 5000명의 여몽 연합군은 화약 무기를 쏘아대며 또다시 총공격에 나섰지. 삼별초는 격렬하게 맞섰지만 크게 지고 말았어. 삼별초를 이끌던 70여 명의 지도부는 항복하는 대신 산속에 들어가 목을 매었지. 죽음으로 항복을 거부한 게야.

몽골 사위의 나라

고려는 몽골이 중원에 세운 원나라의 부마국이 되었어. 부마국이란 사위의 나라란 뜻인데 원나라 공주와 혼인하면서 평화로운 관계를 맺게 된 거야. 다른 나라들처럼 완전히 정복당한 것이 아니라 부마국의 지위를 얻고 고려의 제도와 풍속은 어느 정도 인정을 받았지. 그건 40여 년의 끈질긴 항쟁 덕분이었어. 몽골이 위세를 떨치던 때 세계 어느 나라도 고려만큼 끈질기게 저항한 나라가 없었기 때문에 만만하게 보지 않았던 거지. 그래서 나라를 유지할 수 있었던 거 아닐까 ……

그러나 80여 년이나 이어진 원나라의 간섭은 고려를 아주 힘들게 했지. 그동안 6명의 왕들은 몽골 여인과 혼인하여 원나라에서 교육을 받고, 그들의 꼭두각시 노릇을 해야 했으니까. 원나라에 충성한다는 충자를 시호로 받아야 했고 그들의 뜻에 따르지 않으면 내쳐지거나 유배를 가기도 했어. 게다가 우리 땅을 마음대로 차지하고 일본 정벌을 위한 배 만드는 일까지 떠넘겼단다. 하지만 태풍이 불어서 정벌은 실패하고 피해만 크게 입었지.

이뿐만이 아니야. 공물은 또 얼마나 어마어마하게 요구하던지 평안도에 살던 백성들은 엄청난 공물을 실어 나르느라 어깨 필 날이 없었다는구나. 아주 등골이 휠 지경이었지. 그러나 물건을 보내라는 공물은 그나마 나은 것이었어. 어린 여인들을 공녀로 보내라는 요구는 그야말로 고려를 비극의 땅으로 만들었으니 말이야. 고려는 딸과 사위가 친정집에서 부모를 모시고 살았기 때문에 딸을 더 귀하게 여기는 풍습이 있어 슬픔은 더욱 컸다네.

헤아릴 수 없이 많은 여인들이 원나라로 끌려갔는데, 누구든 공녀로 지목되면 빼도 박도 못하고 이역만리 먼 땅으로 끌려가 두 번 다

공녀로 끌려가는 여인들

시는 돌아올 수 없었지. 그래서 공녀가 되지 않으려고 어릴 때 혼인하는 조혼이 생겨나고 어떤 사람들은 딸을 숨겼다가 패가망신하기도 했어. 더러는 일부러 얼굴이나 몸을 상하게 하는 가슴 아픈 일들도 일어났지.

공녀로 끌려가는 날엔 어린 처자들이 엎어져 땅에 뒹굴거나 우물에 뛰어들기도 하는 일이 벌어져 그야말로 울음바다가 따로 없었다네. 보다 못한 이곡이라는 관리가 원나라 황제에게 공녀 요구를 거두어 달라고 간청하여 잠시 폐지됐지만, 조선 시대에도 공녀를 보내야 했다지? 거친 원나라의 여인들보다 고려 여인들이 순종적이고 영리한 데다 야무지게 일도 잘해서 원나라 황실에 고려 궁녀가 아주 많았다더구나. 그들 중에 기황후처럼 황후의 자리까지 오른 궁녀도 있다지만 이것으로 수많은 고려 여인들의 희생을 위로할 수는 없지…….

원나라의 간섭이 80년이나 이어지자 원나라에 빌붙어 권력을 누리는 자들이 생겨났어. 공녀로 끌려가 황후가 된 기황후의 기 씨 집안이 대표적인데 그들은 원나라를 등에 업고 권세를 부렸지. 이들을 권문세족이라 하는데, 막강한 힘으로 백성들에게 뺏은 땅은 산과 냇가를 경계로 삼을 만큼 컸다네. 대농장을 가진 소수의 권문세족들이 고려 땅을 거의 다 차지하고 있었으니 백성들은 송곳 하나 꽂을 땅이 없었지.

그래서 이미 열에 아홉은 고향을 떠나 떠돌아야 했는데 이 비참한 상황을 그대로 읊은 '상률가'라는 슬픈 노래가 있으니 들어들 보게.

"권세 있는 사람들,

백성들의 논과 밭을 빼앗아

산과 내를 경계로 공문서를 만든다오

밭 하나에 주인이 여럿이니

세금을 걷고 또 쉴 새 없이 걷어간다오

홍수와 가뭄을 당해 흉년마저 드니

논밭엔 잡초만 무성해져

낟알 한 톨 안 걸리는데

관가의 세금은 무엇으로 바치리까

몇 천 명이나 되는 장정들은 도망가고

힘없는 늙은이만 남아 빈 집을 지키고 있다오

차마 구렁에 굴러 죽을 수는 없어

산등성이에 올라 도톨밤을 줍는다오"

도톨밤을 주우며 부르는
노래라는 뜻의 상률가
일부분이야.

권문세족들의 수탈이 얼마나 심하던지 위의 노래처럼 한창 일할 젊은 사람들은 뿔뿔이 흩어져 마을이 텅텅 비어 버렸지. 텅 빈 마을에 노인만 홀로 남은 모습이 참으로 기가 막히지 않는가! 그런데 흉년까지 들어 도톨밤으로 연명해야 하는 노인이 관가의 세금을 걱정하고 있다니…… 가슴이 미어지네. 내가 이러려고 고려를 지키느라 목숨을 걸었던가 하는 자괴감이 드는군.

원나라의 지나친 간섭은 허수아비 왕을 세우고 왕권을 능가하는 권문세족들이 판을 치게 만들었어. 지나친 공물과 공녀 요구는 그대로 백성들의 짐이 되어 고통을 안겨 주었지. 그런데 영원할 것 같았던 몽골 제국이 강건한 기풍을 잃고 몰락의 길을 걸었다네. 초원을 누비며 부지런히 살았던 몽골족은 아시아와 유럽을 잇는 거대 제국으로 들어오는 온갖 재물에 부귀영화를 누리며 사치와 향락에 빠져들었던 게야. 그즈음 중원을 빼앗기고 괄시를 받았던 한족들이 원나라에 대항하기 시작했지. 이 기회를 놓치지 않고 고려를 개혁하려는 왕이 나타났어!

공민왕의 개혁과 자주 정책

바로 공민왕이었는데 이름에 충자가 안 들어간 것만 봐도 이제 원나라의 간섭은 벗어났구나 싶지 않은가? 공민왕은 원나라에서 교육을 받고 원나라 공주와 혼인했지만 그들의 그늘에서 벗어나려고 했어. 원나라에 있으면서 원나라가 몰락하고 있다는 걸 눈치 챈 데다 다른 왕비들과는 달리 노국 공주는 공민왕을 도우려 했다네.

공민왕의 영토 수복

공민왕은 먼저 몽골 풍속부터 없앴지. 몽골의 변발과 복장을 고려의 것으로 되돌렸어. 그리고 원나라의 연호도 중지하고 고려의 정치를 간섭하던 기관인 정동행성도 없애 왕권을 회복했지. 오랫동안 원나라에 기대 권세를 누렸던 친원 세력도 내쫓았고.

또한 원나라가 차지하고 있던 함경도의 쌍성총관부를 공격하여 이 지역을 되찾았어. 이때 훗날 조선을 건국하는 이성계의 아버지, 이자춘의 도움을 받았지. 이자춘은 이 지역의 세력가로 있다가 공민왕의 편에 서게 됐고, 이 일은 이성계가 고려 조정에 나아가는 기회가 됐다더군.

실패하는 개혁 정치

고려의 가장 큰 문제는 권문세족들이 지나치게 많은 땅을 가지고 있어 정작 농사를 짓는 백성들에겐 송곳 하나 꽂을 제 땅이 없다는 거였어. 게다가 부정을 일삼는 관리들이 거짓 문서를 만들면 상률가에서 봤듯이 땅의 주인이 여럿이 되어 심하면 7~8차례나 세금을 걷어 갔다더군. 그러니 수탈에 견디다 못한 백성들이 마을을 비웠던 거지. 그마저 못한 사람들은 자식을 노비로 팔아 세금을 내야 했으니 세금이 호랑이보다 무섭다는 소리가 나왔던 게야.

보다 못한 공민왕은 토지 문제 해결에 나섰어. 그런데 이 문제를 해결할 마땅한 인물이 보이지 않았지. 그도 그럴 것이 주변의 신하들이 온통 권문세족이거나 그들의 눈치나 보는 사람들이었으니 말이야. 고심 끝에 신돈이라는 승려에게 그 일을 맡겼어. 그 까닭은 신돈은 권문세족이 아니니 누구 눈치도 안 보고 개혁을 할 수 있을 거라고 여겼기 때문이야.

아니나 다를까, 신돈은 토지 개혁을 강하게 밀고 나갔어. 권문세족들이 부당하게 차지한 땅을 다 내놓을 것과 불법으로 노비가 된 사람을 풀어주라는 명령을 내렸지. 백성들은 성인이 나셨다고 환영했지만 권문세족들은 위협으로 받아들였어. 부귀영화를 누리던 권문세족들이 땅과 노비를 빼앗으려는데 가만히 있었겠나? 그자들은 나라와 백성이야 어찌 되건 말건 권력과 재산만 있으면 된다고 생각하는 무리들이라 꼼수를 부렸지. 끊임없이 신돈을 모함하고 공민왕과 신돈 사이를 이간질했어. 결국 공민왕의 신임을 받아 개혁을 추진했던 신돈은 왕위를 넘본 반역자로 죽었지. 개혁에 실패한 공민왕도 자신을 지키던 친위대에게 살해되고 말았어.

고려를 개혁하겠다는 원대한 꿈을 가졌던 공민왕은 원나라에 아부하는 무리들과 제 이익이나 탐하는 권문세족들에 둘러싸여 큰 뜻을 펴지 못했지. 그리고 홍건적과 왜구의 침략도 끊이질 않아 편할 날이 없었고. 안팎으로 어려움이 가득했던 게야. 하지만 그 모든 어려움을 이기고 개혁에 성공했더라면 고려의 모습은 달라지지 않았을까 하는 아쉬움이 많이 남는구먼…….

그림도 잘 그리는 왕이었는데…….

공민왕의 천산대렵도

123

왜구와 홍건적을 막아낸 영웅들

공민왕의 개혁 정책마저 주춤거리게 했던 홍건적과 왜구의 침략은 나라의 힘마저 빼놓았어. 붉은 두건을 두른 도적떼, 홍건적은 원래 원나라에 대항해서 싸우던 한족들인데 싸움에서 밀리자 고려로 침략해 들어왔지. 홍건적의 침략은 두 번이나 이어져 공민왕이 개경을 내주고 피난을 가야 할 만큼 위험했지만 그래도 다 물리치긴 했어.

하지만 왜구는 고려가 끝날 때까지 쳐들어와 백성을 괴롭혔지. 평균 두세 달에 한 번씩 쳐들어와 약탈을 하고, 마을에 불을 지르고, 사람들을 마구 죽이니 살 수가 없었어. 오죽했으면 사람들이 다 도망가 바닷가 마을이 텅텅 비었겠나?

이때 홍건적과 왜구의 침략을 막아낸 명장들이 최영과 이성계 그리고 최무선이었네. 최영은 고려의 오래된 가문 출신으로 **백전노장**이었고 이성계는 변방의 장수인 이자춘의 아들로 백발백중의 젊은 장수였어. 최무선은 화약을 오랫동안 연구해 온 사람으로 놀라운 화약 무기를 만들어낸 사람이지. 홍건적과 왜구를 막아낸 이 사람들은 백성들의 믿음과 기대를 한 몸에 받았다네.

백전노장
수많은 전투에 참여한 경험 많은 장수를 말해.

최영은 홍산(부여)에 왜구들이 쳐들어와 온갖 패악을 다 부리자 늙은 나이에도 결연히 나가 싸웠지. 전투 중에 왜구의 화살에 입을 맞아 피가 흐르는데도 한 치의 흐트러짐도 없이 화살을 빼내며 적진으로 달려갔다더군. 백발의 장수가 몸을 아끼지 않고 적에게 달려드

최영의 홍산대첩

홍산대첩비(부여)

니 병사들도 악착같이 싸워 승리를 거뒀던 거지.

최영의 홍산대첩으로 뜸했던 왜구가 500척의 배를 이끌고 또다시 쳐들어왔어. 왜구가 자주 고려를 침략했던 건 먹거리가 없었기 때문이라네. 굶어 죽으나 싸우다 죽으나 마찬가지라 왜구는 물불을 가리지 않고 덤볐지. 그래서 해안가에 살던 고려 백성들은 왜구를 몹시 두려워했다네.

진포(서천 또는 군산)에 들어온 왜구는 배를 묶어 두고 삼남 지방을 마음껏 노략질했지. 노략질이 어찌나 심했던지 백성들의 시신이 산과 들에 널리고 왜구가 약탈하다 흘린 곡식이 길을 덮을 지경이었다더군. 고려 조정은 진포에 최무선이 이끄는 수군을 내려 보냈는데 최무선은 자신이 발명한 화포를 배에 장착하고 있었지. 왜선 500척을 둘러싸고 화포를 쏘아 대자 왜선은 한순간에 바다에 가라앉았다지 뭔가? 화약의 힘으로 멀리 날아가 목표물을 파괴하는 달리는 불화살, 주화가 큰 몫을 해냈던 거지. 주화는 힘차게 날아 왜선에 꽂히면 배를 폭파시키며 다 불태워버리는 힘을 가지고 있었다네. **백병전**을 믿고 설치던 왜구가 고려의 이 놀라운 신무기에 크게 패하고 말았다니 얼마나 통쾌한가!

백병전
칼, 창, 총검 등을 사용하여 싸우는 전투를 말해.

진포대첩에서 돌아갈 배를 잃어 궁지에 몰린 왜구들이 백성들에게 분탕질을 해대며 이번에는 개경으로 쳐들어가겠다고 큰 소리를 쳤지. 특히 아지발도라는 어린 왜구가 온몸에 철갑을

주화

최무선의 진포대첩

두르고 무시무시한 힘으로 백마를 몰아 창을 휘두르면 고려군이 줄행랑을 치기 바빴다는 게야. 그런데 아지발도를 유심히 살피던 이성계가 아지발도의 투구를 쏘아 떨어뜨렸지. 깜짝 놀란 아지발도가 투구를 바로 하려는 찰나에 이성계는 또 한 발의 화살을 날려 아예 죽여 버렸다더군. 괴력을 뽐내던 아지발도가 죽자 전세는 역전되어 왜구는 전멸하고 말았어! 백발백중의 명사수 이성계가 승리로 이끈 이 전투를 황산대첩이라 한다네.

최영의 홍산대첩, 최무선의 진포대첩, 이성계의 황산대첩으로 왜구를 크게 물리쳐 그들이 고려 땅을 넘보기 힘들게 만들었어. 이 세 사람은 왜구로부터 백성을 구한 영웅들이지.

황산대첩비(남원)

놀라운 옷감을 선물한 문익점

무장이 되어 나라를 지킨 것 못지않게 백성들에게 큰 덕을 베푼 사람이 있었어. 공민왕 때의 학자로 원나라에 갔다가 목화씨를 가져와 백성들에게 무명옷을 입을 수 있게 해 준 사람이 있었는데 그이가 바로 문익점이지.

목화는 뽀얀 솜을 꽃처럼 피워내는 놀라운 식물이라네. 뭐, 고려

127

요게 실을 잣는 도구야.

물레

목화솜

에도 풀솜이라는 야생풀이 있긴 했지만 목화와는 비교도 안 되었지. 문익점과 그의 장인 정천익은 온갖 노력을 기울여 목화를 키우고 실을 잣는 물레도 만들었어. 물레로 자은 실을 베틀에 얹어 무명천을 만들어내니 백성들이 깜짝 놀랐다더군. 이제껏 입어 온 거칠고 차가운 삼베옷과는 달리 부드럽고 포근했기 때문이지. 게다가 솜을 넣은 옷이나 이불까지 만들 수 있어 추위에 떨던 백성들에겐 하늘이 내린 복덩이나 다름없었어. 삼베 외에는 변변한 입을 거리도 없었던 백성들에게 놀라운 옷감을 선물한 문익점은 목화 솜 만큼이나 따뜻한 영웅이라네.

위화도 회군

고려가 안팎으로 어려움을 겪는 사이 원나라는 망하고 명나라가 세워졌어. 그런데 명나라는 원나라가 차지했던 땅을 내놓으라는 터무니없는 요구를 했지. 힘들게 되찾은 쌍성총관부 땅을 내놓으라니 말이나 되는가? 원나라가 하던 간섭을 되풀이하겠다는 심보였지.

그래서 우왕과 최영은 5만의 군대를 이성계에게 내어주며 요동을 정벌하라는 명령을 내렸어. 명나라에게 고려가 본래 자주적인 나라였다는 것을 보여 주려 한 거지. 그런데 이성계는 지금은 명나라와 전쟁할 때가 아니라면서 떠나기 전부터 반대했어. 승리를 장담했던 최영은 재빨리 요동으로 가서 급습하면 충분히 이길 수 있다며 재촉했지.

압록강에 있는 작은 섬, 위화도까지 갔던 이성계는 또 다시 전쟁을 치룰 수 없는 네 가지 이유를 내며 군사를 되돌릴 것을 간청했어.

위화도

VS

이성계 4불가지론 VS 최영의 정벌론

최영 무덤(경기도)

그래도 우왕과 최영이 뜻을 굽히지 않자 이런, 이성계는 말머리를 개경으로 돌렸어! 그리고 궁궐을 에워싸고 무모한 전쟁을 일으키려 했다며 최영을 처단할 것을 요구했지.

홍건적과 왜구를 물리치며 함께했던 두 사람은 이제 갈림길에 서게 된 게야. 왕명을 거역한 건 이성계였지만 위화도 회군이 성공하면서 막강한 권력을 가진 승리자가 되었어. 최영은 고려와 왕명을 지키다 오히려 반역자가 되고 말았지. 마침내 최영은 73세의 나이에 반역죄로 죽임을 당했지만 백성들은 그의 죽음을 몹시 슬퍼했다네. 개경 사람들은 시장을 열지 않았고 최영의 시신 옆을 지날 땐 말에서 내려 예의를 갖췄지. 아이들까지 눈물을 흘렸다니 고려를 지키려던 최영의 진심을 백성들은 알고 있었던 게야.

무너지는 고려

위화도 회군으로 권력을 잡은 이성계는 고려 조정에 새롭게 등장한 젊은 관리들과 손을 잡았어. 이들을 신진 사대부라 하는데 중국에서 들여온 새로운 학문인 성리학을 공부한 사람들이란다. 이들은 공민왕 때 다시 실시한 과거제 덕분에 관리가 되었지.

이 신진 사대부와 이성계는 나라의 많은 땅을 차지하고서 권세를 부리는 권문세족을 몰아낼 궁리를 했어. 앞장섰던 사람들 중에 정몽주와 정도전이 있었는데 이들은 처음에는 마음이 잘 맞았지. 그런데 권문세족들 땅을 거둬들이고 예전의 토지 문서를 다 태우며 개혁이 무르익자 두 사람은 의견이 갈렸어. 정도전은 이성계를 왕으로 모시는 새로운 나라를 세우고 싶어 했고 정몽주는 고려 왕조를 그대로 둔 채 제도만 바꾸는 개혁을 원했지. 이성계가 왕이 되는 것을 원치 않았던 게야.

정몽주는 중국과 일본에까지 이름이 알려진 대학자인 데다 그를 따르는 관리들이 많아 이성계도 주춤거릴 수밖에 없었지. 그러자 이성계의 아들인 이방원이 정몽주를 떠보았다더구나.

이방원은 고려 왕조든, 새 나라든 무엇이 다르겠느냐며 그저 다 같이 잘 살아보자는 뜻을 '하여가'란 시에 실어 내보였어. 그러자 정

고려의 마지막 충신이 죽은 곳이야.

선죽교(개성)

몽주는 백번을 죽더라도 고려에 대한 충성심은 변하지 않을 것이라고 답했지. 절대 뜻을 굽히지 않는 정몽주를 따르는 사람들이 더 많아지자 이방원은 정몽주를 아예 죽여 버렸어! 사람들은 놀라움과 두려움으로 입을 닫고 말았지. 아무도 고려의 충신을 이렇게 죽일 줄은 몰랐던 게야.

이 사건으로 고려를 그대로 둔 채 개혁하자는 관리들은 힘을 잃었고 누구도 고려 왕조를 위해 앞으로 나서는 사람이 없었지. 이성계에게 떠밀려 억지로 왕이 됐던 공양왕은 두려움과 한탄으로 지내다가 1392년 왕위를 이성계에게 내주고 말았어. 470여 년이나 이어졌던 고려는 이렇게 역사 속으로 영원히 사라졌지. 너무나 초라한 모습에 눈물이 앞을 가리는구먼.

여기까지가 내가 들려줄 이야기였네. 신나는 이야기보다는 우울하고 슬픈 이야기가 더 많아 미안한 마음이 들지만 어쩌겠나? 자랑스러운 역사도, 부끄러운 역사도 다 우리가 안아야 할 우리의 이야기라네. 왜 그런 일이 벌어졌는지 되짚으면서 똑같은 실수를 반복하지 않는 것이 역사를 기억하고 배우는 까닭이 아니겠는가?

긴긴 이야기를 들어 주어 고맙네. 나는 이만 고려로 돌아가려네. 잘들 있게나!

송악산

남대문

남대가

18세기 중반 조선 선비 강세황이 송도(개경)를 여행하면서 '송도기행첩'이라는 그림을 남겼어. 남대가란 그림은 개경의 남쪽 대문에서 바라본 큰 길의 모습이야. 쭉 뻗은 큰 길 양쪽으로 가게들이 즐비한 게 아주 번화하지? 그러니 전성기 때는 얼마나 더 화려했을까, 상상해 봐!

저자가 직접 강의하는 호락호락 한국사 3장
왼쪽의 QR코드를 찍어서 저자의 강의를 들어 보세요!
만약 QR코드가 안 될 경우에는 아래 링크로 들어오세요.
https://blog.naver.com/damnb0401/221202188503

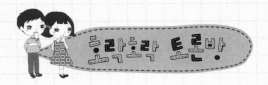

딴지양, 너는 삼별초가 끝까지 항쟁한 것이 잘한 일이라고 생각하니?

글쎄, 잘 모르겠어. 잘한 것 같기도 하고 아닌 것 같기도 해. 너는?

고려가 여러 나라의 침략을 받은 이야기를 듣다 보니 고려 조정이 둘로 나뉘어 또 전쟁이 일어난 건 아니다 싶다.

이번에도 그때 그곳에 있었던 사람들의 이야기를 들어 보면 좋겠다, 그치?

음, 여기가 그 유명한 호락호락 토론방이니? 삼별초 항쟁이 잘한 일인지 따지고 묻는다면서? 삼별초는 나라를 지키기 위해 목숨을 버렸는데 이 무슨……

배중손 장군님? 근데 삼별초, 삼별초 하는데 그게 뭔지 그것부터 좀 가르쳐 주세요.

우리 삼별초는 원래 개경의 밤도둑을 잡는 야별초였는데 수가 많아지면서 좌, 우별초가 되었지. 거기에 몽골군에게 맞서다 돌아온 사람들까지 모여 삼별초라 부른 거란다. 우리 삼별초는 최 씨 정권을 지키는 군대이기도 했지만 몽골군을 물리치는 공을 세우기도 했지.

장군, 오랜만에 뵙습니다. 조자비를 기억하시는지요?

무술이 뛰어났던 그대를 어찌 잊어? 우리는 함께 몽골군에 맞섰던 동지 아닌가? 반갑네.

아버지, 저도 배중손 장군이 기억나요. 임금님이 몽골군에게 항복해서 모두 개경으로 돌아오라는데 못 가게 막은 분이죠? 개경으로 가고 싶어 하는 사람들이 배에 올라타자 화살을 쏘라고 하셨잖아요.

어머나, 어떻게 그런 일이…….

탈출하던 사람들이 활에 맞아 쓰러지자 사람들이 막 수풀에 숨었어요. 지금도 여자와 아이들의 울음소리가 귀에 쟁쟁 울리는 거 같아요. 아버지도 어린 제가 걱정되어 뭍으로 나가시려다 그 모습을 보고는 저를 안고 눈물만 흘리셨죠.

헉! 강화도에 있던 사람들이 스스로 항쟁을 택한 게 아니란 거예요? 어, 어~ 삼별초 항쟁이 다시 보이는데?

어허, 너도나도 목숨이 아까워 다 도망가 버리면 누가 싸운단 말이냐? 난들 가겠다는 사람을 죽이고 싶었을까? 헌데 너무 많이 빠져나가니 어쩔 수 없었다…….

그래도 전쟁이 끝났는데 같은 고려인에게 죽다니 너무 어이없어요. 그러고 보니 사람들이 계속 빠져나갈까 봐 진도로 옮겨 간 거네요?

흠흠, 강화도는 개경과 너무 가까워 고려 조정에서 정벌군을 보내기도 쉬울 것 같아 다른 근거지를 찾아야 했지.

1000척이나 되는 배에 사람과 물자를 실어 날랐다는 게 정말이에요? 너무 어마어마해서 믿어지지가 않아요.

강화도는 개경을 그대로 옮겨 놓은 듯 화려하고 무신정권의 사치로 재물이 넘쳐 나던 곳이었어. 40여 년간이나 안전하게 부귀영화를 누리던 곳이었으니 암만 사람들이 빠져나갔다 해도 그 정도는 되었지.

우리는 두 달간이나 근거지를 찾아 헤매다 진도에 정착했지. 진도는 섬이긴 해도 넓은 데다가 옥토라고 부를 만큼 땅이 기름졌단다. 게다가 물길이 빨라지는 울돌목이 있어 방어하기에도 좋았고 조운선이 지나는 길목이라 곡식을 빼앗기도 좋았지. 조선의 이순신 장군도 울돌목을 택해 명량대첩에서 13척의 배로 일본놈들을 물리치지 않더냐? 나, 배중손이나 이순신 장군이나 눈썰미가 남달랐다는 거 아니냐, 어험!

암요! 나는 배중손 장군님이 진도에 용장산성을 쌓을 때 돌을 나르던 진돌이여. 삼별초 아저씨들이 을매나 잘 싸우던지 우리 어매, 아배의 원수를 다 갚아줬당께. 몽골군이 쳐들어왔을 때 우리 어매와 아배를 끌고 가버렸는디, 어른들은 죽은 거보담

낫다고 혔지만 울 어매, 아배를 어디서 찾는당가? 정처 없이 떠돌다 진도꺼정 왔는디, 몽골군을 물리치는 아저씨들이 오더니만 전라도, 경상도에 있던 몽골군을 막 쳐부수는 거여. 어른도, 아이도 좋아라 허구 난리도 아녔지. 울 어매, 아배가 잡혀가기 전에 그렇게 싸워줬음 좀 좋았겠는가~ 허는 아쉬움은 쪼매 남지만 말이여. 어쨌든 배중손 장군님이 최고여, 최고!

우리 삼별초가 여몽 연합군을 누르고 승리하자 백성들의 호응이 굉장했지. 백성들의 응원이 아니었다면 4년 가까이 버티지 못했을 게야. 백성들은 진돌이처럼 몽골군에게 해를 입어 몽골군을 아주 미워했지. 그런 몽골군과 손을 잡은 고려 조정도 영 못마땅했을 거고. 이런데도 삼별초의 항쟁이 잘한 일이 아니라는 거냐?

저는 삼별초의 항쟁이 그다지 잘한 일이라고 생각지 않아요. 강화도에서 전쟁을 끝냈더라면 더 많은 사람들이 죽거나 다치진 않았을 거예요. 진도에서 여몽 연합군의 총공격에 만 명이 넘는 사람들이 죽었다고요. 어제까지 서로 챙겨주던 사람들이 죽는 모습을 보는 게 얼마나 끔찍하던지……. 배중손 장군이 전사하면서 진도가 진압되자 아버지와 나는 개경으로 돌아올 수 있었죠. 그런데 김통정 아저씨가 제주도까지 내려가 항쟁하는 바람에 우리 아버지는 이번엔 여몽 연합군이 되어 싸우셔야 했어요. 그리고 결국 돌아가셨죠. 삼별초의 무모한 항쟁만 아니었다면 아버지는 할아버지가 되어 손주의 재롱을 보셨을 텐데…….

뭐야? 조자비, 자네가 여몽 연합군이 되었어?

우리 아버지를 탓하지 마세요! 아버진 군인이었기에 명령을 따랐을 뿐이니까요. 제대로 된 군대 하나 키워놓지 못해서 몽골군의 침략을 받은 나라를 탓하셔야죠.

얘야, 이제 그만하거라. 이 아이가 이렇게 흥분하는 데는 다 까닭이 있습니다. 이해해 주시기 바랍니다.

무슨 일인데요? 듣고 싶어요.

아버지를 잃고 주위의 보살핌으로 어찌어찌 살다가 나는 13살에 군인에게 시집을 갔어요. 나를 거둬주신 시아버님도 군인이었는데 몽골군의 독촉으로 일본 정벌에 끌려갔다가 돌아가셨죠. 십여 년 뒤엔 남편도 군대에 끌려가 몽골군을 위해 싸우다 죽었답니다. 나는 어린 딸아이를 홀로 키우며 살아야 했죠. 몽골군은 우리를 불행하게 만든 나쁜 놈들이에요. 그러나 더 나쁜 건 우리 백성을 지키지 못한 고려 조정이지요.

나도 전쟁이 원망스럽고 백성을 지키지 못한 나라가 원망스럽다네.

누구신지…….

나는 강릉의 호장, 김천이라는 사람일세. 진돌이처럼 우리 어머니와 동생이 몽골군에게 끌려갔는데 14년이 흐른 뒤에야 만주의 심양이라는 곳에서 노비로 고생하고 있다는 소리를

호장
고려 시대 향리직의 우두머리야.

들었지. 나는 몸값으로 백금(은)을 싸들고 들어갔어. 그러나 심양에 고려의 포로들이 얼마나 많고, 찾으러 온 가족은 또 얼마나 많던지 몽골놈들이 몸값을 계속 올리더구먼. 그래서 준비해 간 백금은 두 사람의 몸값으로는 턱없이 모자라게 되었지. 주인에게 눈물로 호소했지만 눈썹 하나 까딱 않더군. 돈밖에 모르는 몰인정한 놈들이었어. 많이 늙으신 어머니만 모셔올 수밖에 없었지. 그리고 6년이나 흘러 더 많은 백금을 주고서야 소년에서 중년이 된 동생을 데려올 수 있었다네. 휴우~.

으아앙~ 어매요, 아배요~ 내는 백금도 없고 으째 해야 쓰까? 김천 아제는 호장잉께 백금이라도 있제, 울 어매와 아배는 을매나 고생을 떡으로 하고 있으까, 으아앙~.

에구, 딱해서 못 보겠구먼……. 이게 다 그놈의 전쟁 탓이네.

진돌아, 그만 울어. 기운 빠지겠다.

아, 정말 마음이 아프네. 진돌인 어쩌니?

진돌아~ 용장산성 쌓을 때의 씩씩한 모습으로 견뎌내면 언젠간 부모를 만나게 될 게야.

아녀라. 김천 아제 말 못 들었어라? 백금 없으면 못 만난당께요. 아아앙~ 내가 임금이었으면 끝까정 싸울 것이여. 그래서 몽골놈들이 우리 고려 백성 아무도 다치지 못하게 할 것인디……. 훌쩍, 쓰윽.

어린아이도 이렇게 싸울 용기를 내는데 세계를 정복한 몽골군이라고 크게 싸워 보지도 못하고 항복을 하다니……. 나는

1270년으로 다시 돌아간대도 삼별초 항쟁에 나설 것이네.

몽골군이 밉긴 하지만 13세기 세계 최강의 군사력을 가지고 있었어요. 항복 아니면 죽음뿐이었다고요. 그러니 강화도로 들어가 항쟁한다고 했을 때부터 힘없는 백성들의 비극은 시작된 거예요. 차라리 빨리 항복을 하고 협상을 잘 했더라면 백성들의 희생은 줄였을 걸요? 최 씨 무신정권의 권력 욕심과 삼별초의 무모한 항쟁 때문에 희생만 더 커졌을 뿐이라고요.

나도 같은 생각이네. 몽골군이 원수 같긴 하지만 싸울 힘이 모자란다면 강화도로 들어가기 전에 협상을 잘 했어야지. 아니면 처음부터 죽을힘을 다해 싸우든가! 개경의 백성들만 강화도로 데리고 들어가면서 항쟁을 하겠다니 이게 말이 되는가? 육지에 남아 있던 그 많은 백성들의 목숨을 몽골군에게 넘긴 거나 마찬가지였네. 그나마 운이 좋아 포로가 된 우리 어머니와 동생은 20년이 넘도록 노예로 살아야만 했지. 나는 백금이라도 마련할 수 있어 가족을 찾았지만 가난한 백성들은 끌려가면 다시는 가족과……

못 만난다고라? 아아앙~ 아녀요, 아녀요. 나가 울 어매, 아배 몸값을 뼈가 부서져라 일해서 마련할 것이여. 두고 보시오! 임금은 우리 부모를 못 지켜도 내는 우리 부모를 모셔 올라요!

그래, 그래야지. 그러니 우리 진돌이 눈물부터 거두고 씩씩해져야지!

야아~ 눈물 뚝!

진돌이, 너 참 장하다! 저…… 그런데 삼별초처럼 몽골군에 맞선 군대가 어디에도 없었다고 하던데요? 그래서 그 기개 때문에 정복당한 나라들 중에서 나은 대접을 받은 거라던데 정말인가요?

아무렴! 삼별초 항쟁은 고려인의 투지를 보여준 빛나는 항쟁이지. 그러니 몽골군이 함부로 할 수 없었던 거고. 나라의 이름과 풍속을 그대로 지킬 수 있던 건 우리의 항쟁 덕분이라네. 그런 나라는 고려밖에 없었으니까.

어허, 이런! 그건 나중에 원종이 된 태자가 쿠빌라이에게 찾아가 항복을 했기 때문이지, 삼별초의 항쟁 때문이 아니라네. 그때 쿠빌라이는 칸이 되려고 형제와 암투를 벌이고 있는 묘한 상황이었는데 고려의 태자

칸
중세 시대 몽골의 군주를 이르던 말이야.

가 쿠빌라이를 칸처럼 받들며 항복을 청하니 감격할 수밖에 없었지. 그때 태자가 다른 진영으로 갔더라면 고려는 더 비참해졌을지도 모르네. 쿠빌라이가 이겼으니까 말이야. 제 편을 들어준 데 감동을 받은 쿠빌라이는 고려의 풍속을 지킬 수 있게 해준 게야.

쿠빌라이가 누구예요?

쿠빌라이는 중국 땅에 원나라를 세운 칭기즈칸의 손자란다.

이제 와 얘기지만 삼별초 항쟁은 어쩔 수 없는 선택이기도 했지. 최 씨 무신정권을 지켜 주다 그들이 무너지니까 기댈 데

가 없어졌는데, 고려 조정은 삼별초를 없애려 하니 싸울 수밖에…….

삼별초의 압박에 못 이겨 하는 수 없이 싸워야만 했던 사람들도 있었다는 걸 잊지 마세요. 백성들은 빨리 전쟁이 끝나 안심하고 농사짓는 세상이 오기를 더 바랐다고요.

이기지도 못할 게 뻔한 전쟁으로 혼란과 희생이 커지긴 했지…….

어허, 조자비! 목숨을 바쳐 몽골군에 대항했던 동지들의 이름을 더럽히지 말게.

전쟁은 빨리 끝내는 게 옳은 것이오!

몽골군의 간섭으로 꼭두각시가 되어 나라가 거덜이 나도 말이오?

나라와 백성만을 위해서 항쟁한 건 아니지 않소? 그대들의 목숨과 권력을 부지하기 위해서였겠지.

아니, 뭐라고?

시방 여서 우리끼리 또 싸우는 거여요? 지는 우리 백성을 지켜야 허는 관군이 우리 고려 백성을 죽이는 게 젤 서러웠당께요. 훌쩍…… 근디 여서 또 같은 편끼리…… 도대체 어른들은 왜 그런당가요?

할 말 없음…….

오랜 전쟁으로 고려인들의 마음까지 나뉘니 참 속상하네요. 이러다간 삼별초 항쟁에 관한 이야기는 끝이 없겠어요.

우리가 좀 격해졌지요? 워낙 전쟁으로 고통 받았던 사람들이라 그래요. 이해해 주셔요.

전쟁이 얼마나 사람들을 불행하게 만드는지 잘 알게 된 걸요. 이야기 들려주셔서 감사합니다.

자, 자. 다 이미 지나간 일은 지나간 대로 두고 돌아갑시다. 역사에 대한 평가는 그렇군과 딴지양에게 맡깁시다.

그래요, 그럽시다. 우린 이만 돌아가자고요.

진돌아, 부모님 꼭 찾아야 돼~.

나두~.

이잉, 그려. 나가 꼭 찾을랑께, 걱정들 말더라고잉~.

진돌이 정말 씩씩하네…….

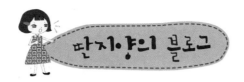

잘한 것도 있고 잘 못한 것도 있다

삼별초 항쟁이 잘한 일인지, 아닌지 솔직히 아직도 좀 헷갈린다. 세계 역사상 가장 큰 제국이었던 몽골에게 40여 년이나 대항했던 건 참 대단하다. 삼별초가 여몽 연합군을 3년이 넘도록 막아낸 것도 통쾌하다. 백성들이 좋아한 것을 보면 고려군이 이기는 모습을 몹시 기다렸던 거 같다. 가족이 죽임을 당하거나 끌려간 사람들 중엔 백성들이 더 많았을 테니까.

그런데 다른 사람들의 이야기를 들어 보면 꼭 잘한 것만도 아닌 것 같다. 왜냐하면 삼별초였던 조자비는 어린 딸 때문에 개경으로 돌아가고 싶어 했고, 다른 많은 사람들도 도망치고 싶어 했기 때문이다. 함께 싸

우자는 삼별초의 말에 겁을 먹고 달아나는 사람들을 죽였다는 것이 마음에 걸린다. 오랜 전쟁에 지친 사람들은 항쟁보다 평화를 원했을지 모른다. 그러니 강제로 전쟁에 나서게 한 것은 잘못이다.

아~ 도대체 어떻게 결론을 내야 할지 모르겠다.

고려인의 용맹함

삼별초 항쟁이 잘한 일인지, 아닌지를 따지다가 나는 고려 사람들이 왜 의견이 나뉘었는지 이해하게 됐다. 항복을 하면 지나친 간섭에 아주 힘들어지고, 싸우자니 세계 최강의 군대가 무서웠을 거다. 죽을지도 모르니까.

그러다 내가 만약 진돌이였다면 어떻게 했을까 생각해 보니 답이 딱 나왔다. 나도 진돌이처럼 삼별초 항쟁에 나섰을 거다. 내 부모가 죽거나 끌려갔는데 나만 살자고 도망치긴 싫다. 이기든 지든 끝까지 싸워 몽골군을 괴롭히는 게 옳다.

그리고 나는 몽골군이 이기지 못할 정도로 강했다고 생각하지 않는다. 왜냐하면 고려가 처음에는 거란군과 같은 막강한 군대도 막아냈기 때문이다. 서희는 군사가 많은 것보다 물리치려는 정신력이 더 중요하다고 했다. 그런데 고려는 정신력이 약해지면서 정면 대결할 생각도 않고 도망부터 쳤다. 처음부터 삼별초처럼 싸웠다면 이겼을지도 모른다.

그래서 삼별초의 항쟁은 잘한 일이고 고려인의 용맹함을 끝까지 보여 줘 장하다고 생각한다.

댓글 4개 [댓글을 입력해 주세요.] **등록**

✓ **인기순** 최신순

그렇군의 글을 보니까 안심이 된다. 나도 왔다 갔다 했거든. 끝까지 싸운 삼별초가 장한 일을 한 거지? 삼별초 파이팅!

진돌이 이야긴 나도 눈물 나더라. 근데 나는 진돌이나 너처럼 용기가 안 날 것 같아. 칼, 화살 이런 게 총보다 더 무섭게 느껴지거든.

왜 우리 반 아이들이 사회시간에 "몽골에서 온 아이들은 돌아가라~" 그랬는지 이제 알겠다.

어머, 유치해라~. 어느 학교가 그러니? 그건 800년 전의 일을 지금의 아이들에게 덮어 씌우는 아주 못난 짓이야.

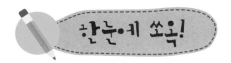

고려는 이민족의 침략을 많이 받았어

11세기 거란의 침략
(993-1019)

1차 침입 – 서희
2차 침입 – 양규
3차 침입 – 강감찬

강력한 요나라를 물리친 고려는
위상이 높아지며 전성기를 맞게 되었어.

12세기 여진의 침략
(1100년경-1107)

여진의 침입 – 윤관과 별무반

여진이 고려를 넘보자 윤관은 별무반을
만들어 여진을 물리치고 고려의 땅이라는
비석을 세웠지. 그리고 9개의 성을 쌓았는데
1년 만에 돌려주고 말았단다.

고려 시대에는 거란, 여진, 몽골 같은 강력한 북방 민족들의 침략으로 아주 힘겨웠어. 하지만 이들과 맞서 싸우면서 하나라는 생각을 더 단단히 하고 우리 고유 문화도 만들어 갔단다. 결코 무너지지 않는 불굴의 힘도!

13세기 몽골의 침략
(1231-1270)

14세기 홍건적과 왜구의 침략

몽골의 침입 – 김윤후와 백성들

30년 넘게 이어진 몽골의 침략에 맞섰던 김윤후와 백성들은 처인성과 충주성에서 승리했어. 결국 고려 조정이 항복하고 삼별초 항쟁도 실패했지만 말이야.

**왜구의 침입
최영의 홍산대첩
최무선의 진포대첩
이성계의 황산대첩**

고려는 홍건적과 왜구의 침략을 힘겹게 막아냈지만 점점 어려워졌단다.

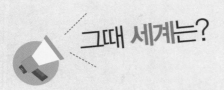

그때 세계는?

십자군 전쟁과 몽골 대제국의 정복 전쟁으로 세계는 가까워졌어

기독교를 믿는 유럽과 이슬람교를 믿는 이슬람 제국은 십자군 전쟁을 벌여 신음하고 있었어. 아시아에선 칭기즈칸이 이끄는 몽골족이 빠르고 강한 전투력으로 세계 대제국을 세우며 엄청난 희생을 강요했지. 하지만 뜻밖에도 전쟁으로 동서양의 교류가 활발해지고 문화 교류도 많아져 세계는 좀 더 가까워졌단다.

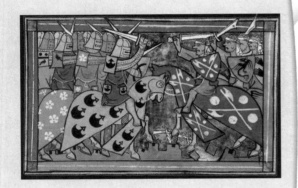

십자군 전쟁(1096-1291)

십자군 전쟁은 이슬람 제국에 있는 예루살렘을 되찾겠다는 서유럽인들의 욕심으로 시작되어 200년이나 이어졌어. 문물이 앞섰던 이슬람 제국과 전쟁을 치르며 서유럽은 신 중심의 깊은 잠에서 깨어나 인간 중심의 르네상스 시대를 열게 되었지. 전쟁은 참혹했지만 교류는 더 활발해지고 문화는 더 발전하게 됐단다. 참 묘하지?

레겐스부르크

리옹   베네치아

클레르몽

마르세유   로마

튀니스

아크레

예루살렘

몽골 제국

13세기는 몽골의 시대였어. 어려서부터 훈련을 받은 용맹한 전사인 몽골 기마 군단은 중앙아시아와 유라시아 지역을 차지하여 세계 대제국을 건설했지. 겨우 70년 만에!

몽골군은 안정된 무역로를 원했던 이슬람 상인들의 도움을 받아 안전하면서도 빠른 교역로를 만들었어. 숙박 시설과 말을 갖춘 편리한 역참이 1500개나 되었고 모든 길과 연결 되어 세계 어디든 갈 수 있었지. 일주일이면 유럽까지 갈 수 있었다니 정말 대단하지 않아?

마르코 폴로도 이때 몽골을 다녀가 『동방견문록』을 썼단다.

나전칠기 함

청자 다완

청자상감 구름학무늬 매병

경천사지 10층 석탑

수월관음도

해인사 장경판전

관촉사 은진미륵

4장

고려 문화재는 세계적인 명품이야

나는 흙이야.
그냥 흙이 아니라 도자기를 만드는 고령토라는 흙이지.
나는 1200도의 뜨거운 불을 견디어 아름답고 단단한 그릇을 만드는
으음~ 말하자면 명품 그릇을 만드는 명품 흙이지!
나는 세계적으로 이름난 고려의 문화재들을 소개하려고 나왔어.
내 이야기를 들으면 다들, 고려의 문화재에 세 번 반하게 될걸?

고령토가 들려주는 고려 문화재 이야기

『호락호락 한국사』를 읽는 친구들, 안녕? 나는 도자기를 만드는 흙인 고령토야. 1200도의 뜨거운 불을 견디며 단단하고도 멋진 그릇을 만들어내지. 으쓱! 그래서 고려의 문화재 이야기를 내가 하게 되었어. 고려 그러면 딱, 떠오르는 것이 바로 청자니까 그럴 만도 하잖아? 자, 모두들 고려의 문화재 구경 가자! 출바알~!

고려의 문화재들

개경의 황궁

고려의 배가 개경이 아늑하면서도 화려한 곳이라고 자랑하던데, 명당에 자리 잡은 황궁 역시 힘차고 웅장했어. 풍수지리 사상에 따라 명당 중의 명당에 궁궐을 세워서 그런지 더 멋져 보였지. 그런데 풍수지리 사상이 뭐냐고? 오~ 그 이야기를 잠깐 해야겠구나.

고려에는 사람들이 활동하기 좋은 땅을 가려 쓰는 풍수지리 사상이 유행했어. 뒤에는 산이 있고 앞에는 넓은 땅에, 물이 흐르는 곳을 골라 집을 짓고 절을 세웠지. 그리고 건물을 세울 때는 자연의 생긴 모습을 그대로 활용했어. 높은 곳을 깎거나 큰 돌을 들어내어 자연을 훼손하면서 건물을 짓는 일 따위는 하지 않았지. 왜냐하면 예로부터 이 땅에 살아왔던 사람들은 땅을 생명체로 생각했거든. 사람은 짧게 살다 가지만 자연은 대대로 수많은 사람을 품어야 하는 생명체이기 때문에 존중하는 마음을 가졌던 거지. 돌 하나, 언덕 하나도 함부로 하지 않고 존중해야 한다는 생각은 정말 훌륭하지 않니? 이게 바로 풍수지리 사상이야.

고려의 황궁은 돌계단을 만들어 그 위에 건물을 지었기 때문에 힘차면서도 웅장해 보였어.

고려 황궁 상상도

그래서 황궁을 보았던 송나라 사신, 서긍은 감탄에 감탄을 했단다. 돌계단마다 붉은색을 입히고 난간도 꽃무늬를 넣은 구리로 꾸며 화려하기 이를 데 없다고 했지. 지붕의 선은 날아갈 듯 우아하고 울긋불긋한 단청은 화려하면서도 기품이 흐른다며 칭찬을 아끼지 않았어. 하지만 지금은 이 궁궐이 남아 있지 않을 거야. 그래서 너희들은 상상도를 보고 있는 거란다. 외적의 침략으로 여러 번 파괴되어서 지금은 궁궐터만 남았거든. 그런데 이 궁궐터마저도 보기는 어려울 거야. 북한에 있기 때문에 통일이 되어야 마음껏 볼 수 있을 테지…….

하지만 우리는 저 황궁에서 역사를 만들어 가던 고려를 떠올리며 고려가 만든 문화재를 둘러보기로 하자. 음, 태조 왕건이 후삼국을 통일하고 나서 전쟁의 아픔을 다독이기 위해 지은 개태사부터 보러 갈까? 개태사는 태조 왕건이 후삼국의 혼란함을 끝내고 편안한 세상을 열겠다는 뜻으로 정성껏 지은 절이란다.

만월대(개성)

개태사 석조삼존불상(논산) (사진제공─한국관광공사)

　개태사가 지어진 곳은 황산벌(논산)이야. 황산벌 하면 계백이 생각
나겠지만 후백제의 신검도 고려군에게 밀려 마지막 전투를 벌인 곳이
기도 해. 옛날부터 이곳은 전투가 자주 일어났던 곳이지. 그래서 왕건
은 죽은 병사들과 백제인들을 위로하려고 이곳에 절을 지었대. 절은
그때의 모습 그대로 남아 있진 않지만 고려의 특징이 드러나는 석조
삼존불상과 무지하게 큰 쇠솥이 있으니 그건 꼭 봐야겠지?

　돌로 만든 부처님이 세 분이라 석조삼존불상이라고 한단다. 그런
데 4미터가 넘는 거구의 부처님들이 세 분이나 서 계시니 왠지 좀 주
눅이 드는 것 같지 않니? 그래, 자비로운 부처님 모습이라기보다는
힘이 넘치는 무인처럼 보일 거야. 호족들이 힘을 합해 세운 고려라
부처님도 무인인 호족을 닮았을 거란 이야기가 있어. 불상에도 고려
의 역사적인 특징이 들어가 있는 거지.

개태사 쇠솥

철조석가여래좌상(국립중앙박물관)

이건 높이 1미터에 지름이 3미터가 넘는 무쇠솥이야. 500명을 먹일 밥이나 국을 끓이는 솥이었대. 후삼국으로 나누어졌던 사람들이 따듯한 밥과 국을 나눠 먹으며 '우리는 이제 다 한 식구요.' 이런 생각을 가지지 않았을까? 밥을 함께 나눠 먹는다는 건 진짜 한 식구가 된다는 뜻이니까. 그래서 이 쇠솥을 볼 때마다 마음이 따뜻해져.

철로 만든 부처님은 남북국 시대가 끝나가던 무렵부터 고려 시대 초반까지 여러 지역에서 많이 만들어지기 시작했어. 왜 그랬을까? 철기를 가지고 있던 호족들도 부처님 상을 만들었기 때문이야. 투박하고 거칠긴 하지만 '우리도 부처님을 만들 수 있다!'는 호족들의 자신감이 드러난 거지.

"전쟁이 끝나자 병장기를 다 녹여 솥을 만들고 부처님 상을 만들었습니다. 그리고 두 번 다시 싸우는 일은 일어나지 않았습니다."

뭐, 이러면 얼마나 좋았겠어? 이야기를 술술 풀어내던 무쇠솥이 제일 좋아라 했을 텐데……. 그러나 그 뒤로도 전쟁은 쉴 새 없이 일어났지…….

옆의 부처님은 18미터가 넘는 우리나라에서 제일 큰 석상이야. 그런데 '어머나, 크기만 컸지 뭐 이래~' 하는 듯한 표정이구나? 몸에 비해 얼굴이 너무 크고, 머리 위의 관은 또 왜 저렇게 큰 건지 못 생겼다는 생각도 들겠지. 이등신에다가 촌스럽기까지 해서 서라벌의 완벽한 석굴암 부처님과 견주어 보면, 고려의 예술성이 한참 떨어지는 거 같기도 하고…….

하지만 다음 이야기를 들어 보면 이 부처님을 다시 보게 될걸?

미륵 부처님이 37년 만에 완성되고 얼마 지나지 않았을 때야. 북쪽 오랑캐가 쳐들어와 압록강에 이르러 어찌 건널까 하는데, 삿갓 쓴 스님이 태연히 물 위를 건너더란다. 오랑캐들은 옳거니 하면서 스님을 따라 물로 뛰어들었지. 그다음은 너희들이 짐작하는 대로야.

물속에 뛰어든 부하들이 다 빠져 죽자 화가 난 오랑캐 장수는 칼로 스님을 내리쳤어. 그런데 스님의 삿갓 한쪽을 스쳐 지날 뿐 스님은 멀쩡했지. 오랑캐 장수는 창피하고 두려워서 줄행랑을 치고 말았대.

관촉사 은진미륵(논산)

159

파주 용미리 석불 입상(경기도)

그 스님이 누구였을까나? 바로 은진 미륵이었단다. 못 믿겠으면 은진 미륵의 큰 관 한 귀퉁이를 자세히 보렴. 꿰맨 듯한 귀퉁이가 있을 테니까. 예술성은 좀 떨어져도 백성들을 괴롭히는 나쁜 놈들을 혼내주는 든든함이 느껴지지 않니? 그래서 지금도 사랑받는 유~명한 부처님이지.

우와, 이 두 부처님은 얼굴이 각이 져서 그런지 더 무뚝뚝해 보이네? 잘못했다간 '이놈들' 하면서 호통을 치실 거 같다. 세련되고 우아했던 신라의 부처님에 비하면 큰 돌을 척척 올려놓았을 뿐 비례도 안 맞고 투박하기 그지없어. 그래서 고려는 신라보다 기술이 떨어졌나 보다 생각할지 모르지만 지방 문화가 발전했기 때문이야. 서라벌만 화려했던 신라와는 달리 호족들의 힘이 강해지면서 지방의 문화도 꽃을 피우기 시작했거든. 고려 조정이 지방의 세력들을 어느 정도 인정을 해 주었기 때문에 문화도 함께 발전할 수 있었다나 봐. 그래서 투박하지만 정겨운 지방 문화와 세련되고 화려한 개경 문화가 함께 어우러졌던 거지.

고려는 살아가는 방식도, 사상도, 예술도 한 가지만 내세우진 않았어. 농사도 짓고 장사도 하고, 유교와 불교 그리고 풍수사상까지도 다 받아들여 조화를 이루며 살았지. 모난 데 없이 둥글둥글했던 사회였다고나~ 할까? 그 모습을 문화재가 그대로 보여 주고 있지.

이번엔 아주 늘씬한 탑들을 좀 보러 가자. 삼국 시대의 탑들은 대부분 사각으로 다듬은 삼층탑이 많지만 고려의 탑은 각이 많아지고 층수도 많아졌어. 왜 그랬을까? 삼국 시대에 삼층탑이 많았던 건 삼국을 아우르는 통일 염원을 담았기 때문이래. 그리고 옛날부터 3이라는 숫자가 균형을 이루는 완벽한 숫자로 여겨져 삼층탑을 많이 세웠다고 하더라. 그런데 고려는 통일을 이뤘기 때문에 층수에서 자유로울 수 있었나 봐. 먼저 강원도 평창에 있는 월정사 탑부터 보러 갈까?

여덟 각으로 다듬은 돌, 아홉 개를 올려서 만들었기 때문에 월정사 8각 9층 석탑이라고 한단다. 눈에 보이는 대로 이름을 지은 거 같지? 15미터가 넘는 큰 키에 꼭대기는 화려한 금동으로 장식을 했고, 여덟 각의 귀퉁이마다 **풍경**도 달려 있어. 고려 시대

청동으로 머리 장식을 달았어.

우리나라에서 가장 키가 큰 석탑이야.

월정사 8각 9층 석탑(강원도)

풍경
처마 끝에 다는 작은 종이야.

에는 금동 장식이 햇빛에 반짝이고 풍경이 바람 타고 은은히 울려 사람들의 마음을 끌어당겼을 거야. 아마도 저절로 두 손을 모아 합장하게 됐을걸?

그런데 탑은 사람의 마음만 끌었던 게 아니었나 봐. 탑 앞에 돌로 만든 보살도 무릎을 꿇고 두 손을 모아 무언가를 바치는 듯한 모습으로 앉아 있잖니? 복스러운 얼굴에 웃음 가득한 보살이 손에 들었던 것이 훼손되어, 무엇을 공양하고 있는지는 알 수 없어. 그러나 부처님을 상징하는 탑 앞에서 환한 얼굴로 예를 갖추고 있는 모습은 보는 사람들의 마음마저 가다듬게 했을 거야.

하지만 이 아름다운 장면은 이제는 함께 볼 수 없단다. 석조보살

원본과는 너무나 다른 모조품이 부처님 앞에 앉아 있네?

월정사 석조보살좌상　　　　월정사 석조보살좌상(모조품)

좌상은 박물관으로 옮겨지고 모조품이 대신하고 있는데 영~ 고려 때의 분위기를 만들어내지 못하고 있지.

우리나라에는 화강암이 많아서 대부분 화강암으로 불상과 탑을 만들었어. 그런데 특이하게도 대리석으로 만든 석탑이 있단다. 원래 개성의 경천사라는 절에 있었는데 지금은 국립박물관에 가면 볼 수 있다니 그리로 가 볼까?

순간 이동~~ 척!

와아~ 굉장히 우아하고 화려하지? 13미터가 넘는 늘씬한 키에 탑의 몸에는 갖가지 문양을 어찌나 섬세하게 조각해 놓았는지 입이 저절로 벌어지네. 이 아름다움에 넋을 잃은 일본의 '다나카'라는 대신이 제 집 정원에 가져다 놓고 조선의 왕, 고종이 선물한 거라고 거짓말을 했다나? 그러나 일본 사람들조차 믿지 않고 남의 나라 국보를 함부로 하느냐고 비난을 했대. 버티기 힘들어진 다나카는 도로 가져다 놓아야 했지. 이 어이없는 일본인 때문에 탑은 여러 번 해체되어 옮겨지면서 많이 훼손되고 말았어. 그런데도 빼어난 아름다움은 여전하니 처음의 모습은 얼마나 아름다웠을까~

얘들아, 의상 대사가 용이 된 선묘

경천사 10층 석탑(국립중앙박물관)

든든한 배흘림 기둥이네.

부석사 무량수전(영주) (사진제공—한국관광공사)

의 도움을 받아 지었다는 부석사, 기억하니? 부석사는 신라 때 지어진 절인데 왜 물어보냐고 의아해하는 친구도 있겠구나. 그건 부석사가 오래되어 고려 시대 때 다시 지어져 고려의 건축 기술을 볼 수 있기 때문이야.

착한 일을 많이 한 사람이 간다는 극락세계의 부처님을 모신 집이 무량수전인데 이 건물이 나무로 지어진 가장 오래된 건물이래. 그런데 눈에 띄는 게 바로 나무 기둥이야. 기둥을 자세히 봐. 위아래가 조금 가늘고 가운데 부분은 통통하지 않니? 이것을 배흘림 기둥이라고 하는데 단순하면서도 늘씬해 보이는 다섯 개의 기둥이 건물을 든든하게 받치고 있어 1100여 년을 장수하는 거 아닐까 싶어.

그리고 이 무량수전 배흘림 기둥에 서서 앞을 바라보면 태백산맥이 남쪽으로 내달리는 멋진 모습을 볼 수 있다는구나. 장대한 모습에 저절로 가슴이 벅차오른다니 한 번은 꼭 봐야겠지? 그런데 서둘러야 할지 몰라. 흰개미들이 나무를 죄다 파먹어 천년을 버틴 이 건축물을 쓰러뜨리려 한다니 말이야.

커다란 돌 위에 한자가 잔뜩 새겨진 이것은 통도사라는 절의 장생표야. 통도사가 가지고 있는 땅과 백성들의 땅을 구분하기 위해 세운 건데, 모두 12개나 세울 만큼 어마어마한 땅을 가지고 있었대.

고려는 불교 국가라 승려들이 시험을 치는 승과가 따로 있었어. 승과에 합격하면 나라가 관직처럼 품계를 주어 승진도 할 수 있었지. 최

무량수전에서 바라본 태백산맥 (사진제공–한국관광공사)

통도사 장생표(양산)

고의 승려로 인정받으면 국사로 불리며 존경을 받았고. 그래서 왕가, 귀족, 백성 할 것 없이 아들을 승려로 보내는 걸 영광으로 생각했대.

고려의 절은 과거를 준비하거나 복을 빌러 가기도 하고 장례와 제사를 치르는 일까지 했지. 지금과는 달리 산속에만 있었던 것이 아니라 도시에도 많았기 때문에 시장도 서고 숙박업도 했단다.

절에서는 직접 물건을 만들어 팔았는데 수공예품부터 생활용품까지 없는 게 없었다나 봐. 옷감과 금박 제품, 소금과 기름, 꿀뿐만 아니라 파와 마늘 심지어 술까지 팔았대. 파와 마늘과 술은 불가에서는 금지하는 건데도 말이야. 그리고 땅이 많아서 그것을 일궈 주는 노비들도 많았고 백성들에게 돈을 빌려주어 높은 이자를 받기도 했다던걸? 그래서 절은 아주 부유했지. 이러니 너도 나도 아들을 승려로 만들려고 했던 거 아닐까?

그런데 너무 지나치게 많은 재산과 권력을 가진 절은 사회를 부패하고 혼란스럽게 만들었어. 마음을 닦고 세상을 밝히는 불교의 본래 역할을 잃어버렸던 거야. 그러자 불교는 사람들의 지탄을 받게 되었고 조선 시대에는 아예 탄압을 당했지.

1237년부터 12년에 걸쳐 몽골군의 침략을 부처님 힘으로 막고자 대장경을 만들었는데, 8만 4000번뇌의 법문이 실려 있어 팔만대장경이라고 한단다. 팔만대장경을 만드는 일에는 고려 조정부터 백성들까지 다 함께 나섰지. 그래서 숭고한 고려인의 혼이 담겼다는 극찬을 들으며 세계적인 문화유산이 된 거야. 대장경을 만드는 일은 공덕을 쌓는 일이라 수많은 사람들이 참여했지만 만드는 과정이 복잡하고 힘들어 나중에는 백성들이 괴로워했다는구나. 얼마나 복잡하고 고된 일이었는지 한번 살펴볼까?

먼저 수십 년 이상 자란 튼튼한 나무를 베었어. 베어낸 나무는 적당한 크기로 잘라 바닷물에 담갔는데, 기름기를 빼기 위한 것이었지. 그다음 소금물에 쪄서 다시 한 번 기름기를 쫙~ 빼내었어. 그래야 벌레 먹는 것을 막을 수 있으니까. 그 나무를 몇 년간 그늘에 말렸지. 답답하게 왜 그늘에서 말렸느냐고? 햇볕에 말리면 나무가 쩍쩍 갈라지거든. 그늘에서 선선한 바람에 은근히 말려야 나무가 온전히 마르는 거란다. 이렇게 정성스럽게 말린 나무를 대패로 밀어 경판으로 만들었어.

그 경판에 새길 글은 글씨를 잘 쓰는 사람들이 틀리는 글자가 없도록 꼼꼼하게 한지에 썼단다. 그런데 여러 사람이 썼는데도 한 사람이 쓴 것처럼 필체가 똑같았다니 얼마나 정성을 들였는지 알 수 있잖니? 그 한지를 경판에 붙여 경험 많은 각수가 한 자 한 자 새겼어. 그리고 글자 하나를 새길 때마다 절을 하며 경판의 양면에 한 행

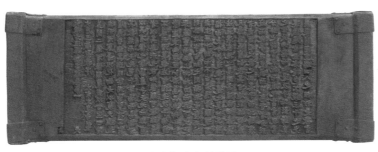

해인사 대장경(합천)

이 대장경판이 8만 11137매나 된다는구나!

대장경 조판 과정

나무를 베어 바닷물에
3년 담가 두기

소금물에 삶기

경판 만들기

그늘에 말리기

부처님 말씀을 쓴
한지 붙이기

그대로 돌을새김하기

옻칠하여 말린 다음 구리로
네 귀퉁이를 감싸면 완성!

인쇄하기

마다 14자씩 644자를 새겼단다. 휴우~ 진짜 대단하지? 그런데 이게 끝이 아니야~~.

경판의 표면에는 진한 먹을 발라 나무를 물들인 다음 생 옻을 두세 차례 칠해 다시 말렸어. 또다시 바람과 그늘에서 말이야. 두세 번이나 옻칠을 한 건 옻이 천연방부제라 벌레가 슬지 않기 때문이지. 그리고 마지막으로 순도 99.6% 이상의 구리판으로 네 귀퉁이를 감싸 판이 뒤틀리지 않도록 했어. 에구, 에구~ 만드는 과정만 들어 봐도 정말 몸과 마음을 다해 공을 들였다는 걸 알 수 있다, 그치?

그런데 팔만대장경이 800여 년이 되도록 자랑스러운 문화유산으로 남은 데는 비결이 한 가지 더 있어! 궁금해? 궁금하면 따라와!

장경판전

팔만대장경을 보관한 장경판전으로 가 보자. 장경판전은 경판을 잘 보관하기 위해 환기와 통풍에 심혈을 기울였어. 창문의 크기와 위치를 방향에 따라 달리해서 바람이 잘 통하게 만들었지. 그리고 바닥에는 숯과 소금, 횟가루를 넣어 자연적으로 습도 조절이 되도록 했어. 천연의 공기청정기와 제습기를 만들었던 거야. 이렇게 놀라운 과학적인 방법으로 팔만대장경을 보관해서 이제껏 가장 오래된 목판 인쇄물의 자리를 지킬 수 있는 거란다. 자랑스럽지?

내가 한 번 더 너희들 어깨가 으쓱 올라갈 이야기를 해 줄게. 목판 인쇄술이 발달했던 고려는 일찍이 그 기술로 금속활자도 만들어냈단다.

1234년 『상정고금예문』이라는 책을 금속활자로 찍었다는 기록이 있는데 아쉽게도 이 책은 남아 있지 않아. 어쩌면 어느 집의 다락방에서 먼지를 흠뻑 뒤집어쓰고 있을지도 모르지. 이 책이 발견되면 서양보다 무려 200여 년이나 앞서 금속활자가 있었다는 것이니 아마 세상을 발칵 뒤집어놓을걸? 눈에 불을 켜고 찾아보렴!

다행히 1377년에 금속활자로 만든 『직지』라는 책은 남아 있어서 세계에서 가장 오래된 금속활자본으로 인정받고 유네스코 세계기록유산이 되었어. 『직지』는 공민왕 때 백운화상이라는 스님이 부처님과 큰 스님들의 가르침과 대화, 편지 중에서 중요한 내용을 뽑아 엮은 책이야. 원래 이름은 『백운화상초록불조직지심체요절』이라는 긴 이름인데 줄여서 『직지심체요절』 또는 『직지』라고 부르지. 서양의 구텐베르크가 만든 금속활자보다 무려 78년이나 앞선 거라더라.

그 나라가 문화적으로 발달한 나라인가 아닌가는 출판 문화 수준이

어느 정도인가를 보면 알 수 있다고 한대. 그러니 세계에서 가장 오래된 금속활자본인 『직지』는 고려가 최고의 문화를 지닌 나라였다는 걸 증명하는 아주, 아주 소중한 문화재지.

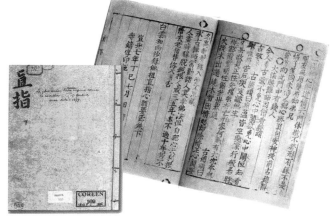

『직지』

중세 시대는 동양이나 서양이나 종교가 사람의 생활을 지배하는 시절이었어. 그래서 교회나 절 같은 건축물이 많았는데, 종교화도 빼놓을 수 없지. 서양의 교회에도 종교화가 잔뜩 그려져 있잖니? 이탈리아의 시스티나 성당에는 미켈란젤로가 천장에도 그림을 그렸다면서? 해마다 수많은 사람들이 그 그림을 보러 온다고 들었어.

우리 고려의 종교화인 불화도 세계 최고 수준인데 불화는 부처님이나 보살을 그린 그림을 말하는 거야. 서양화는 캔버스에 그렸지만 고려 불화는 특이하게도 검은색 비단이나 짙푸른 색 한지에 그렸어. 가늘고 가는 실로 짠 검은 비단이나 천년을 가는 한지에 그려야 섬세하고 화려한 표현을 할 수 있고 오랜 세월이 흘러도 변함이 없기 때문이지.

불화로 많이 그려진 수월관음도는 물 위에 비치는 달처럼 맑은 관세음보살의 모습을 그린 거야. 관세음보살이 연못 위 바위에 앉아 세

수월관음도

상을 돌아다니며 진리를 묻는 선재동자를 만나는 장면인데 700여 년의 세월이 빗겨간 듯 색채가 아주 선명하고 아름답지.

그 비법은 금니와 복채법에 있어. 금니란 금가루에 아교를 섞은 거야. 금은 변함이 없는 금속이잖니? 그러니 세월이 흘러도 검은 비단 위에서 찬란하게 빛나고 있는 거지. 그리고 복채법은 비단의 뒷면에 색을 칠해 은은하게 배어나오게 하면서 앞면에도 얇게 덧칠하는 기법이야. 이 기법은 앞면에만 두텁게 물감을 칠하는 것보다 화면을 덜 손상시켜 그림이 오래 가게 한대. 그리고 자연스런 피부색을 표현하고 부드럽고 깊이 있는 색채도 만들어낸다는구나.

관세음보살이 입은 저 비단 옷을 좀 보렴. 하늘거리는 얇은 비단의 한 올 한 올 짜여진 모습과 정교한 무늬 그리고 투명한 옷감 속으로 비치는 모습까지……. 기가 막히게 완벽하지 않니? 사람 손으로 그렸다고는 믿기 어려울 정도야. 사진도 이렇게는 찍지 못할걸? 이 정밀한 그림이 4미터가 넘어 그 크기와 화려함에 세계가 놀란다더라. 내가 왜 고려의 불화가 세계 최고라는 말을 했는지 이해되지? 한 가지 더 놀라운 사실은 이 고려 불화를 현대의 기술로도 재현이 불가능하다는 거야.

선재동자

불화는 고려가 기운이 다해 가던 때에 많이 만들어졌는데 지금은 우리나라에 10여 점밖에 남아 있지 않대. 왜냐하면 전쟁이나 나라를 빼앗겼을 때 많이 사라졌거든. 불화는 보기만 해도 눈이 휘둥그레질 명화인 데다 뚜르르 말아 들고 가기 쉬워 거의 도난당했지. 특히 일본에 100여 점, 미국에 16점이나 가 있단다. 그 불화들이 그대로 있었다면 이탈리아처럼 고려 불화를 보겠다고 세계 각지에서 사람들이 몰려들었을 테지? 불화는 세계 최고의 종교화니까!

자, 다음 이야기에서는 내가 주인공으로 나오는데 또 한 번 어깨가 으쓱해질 거야.

요 아래 푸른색 물건이 무엇인지 아는 사람, 손 번쩍! 청자? 음, 반쯤 맞혔네. 이건 청자 다완 그러니까 청자 찻잔이라는 거야. 이 찻잔이 고려의 대표적 명품인 상감청자를 만들어내는 바탕이 되었지.

불교에서는 수행의 방법으로 차를 마시는데 삼국 시대 말부터 유행처럼 번졌대. 그래서 청자를 먼저 만들어낸 중국에서 찻잔을 수입해 썼는데 자존심이 좀 상했겠지? 나라의 큰 제사를 지낼 때도 '메이드인 차이나' 그릇을 쓴다는 게 마음에 몹시 걸려서 청자 생산을 서둘렀어. 중국의 기술자를 모셔 오네, 커다란 가마를 만드네 하며 무진장 애를 썼지만 원하는 청자는 만들어지지 않았지. 그런데, 그런데~.

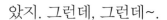

전라도 강진에서 청자 다완을 만들어냈어! 고려의 도공이 우리 흙과 불로 멋지게 성공했던 거지. 강진에서 그토록 기다리던 청자가 만들어진

건 나 고령토가 그 지역에서 생산됐기 때문이야. 이제까지의 그릇은 진흙으로 만든 도기이지만 나 같은 자기는 특별한 재료가 필요하거든? 1200도를 견디는 흙이어야 유리처럼 반드르르하면서도 단단한 자기를 만들 수 있는데, 으흠, 고령토가 바로 그런 흙이었단다.

이 청자는 무엇을 본뜬 거 같아? 참외 같다고? 그래, 참외 맞아. 그런데 왜 그 많은 과일들 중에 참외를 본뜬 것일까? 참외는 타원형으로 생긴 데다 볼록, 쏙, 볼록, 쏙~ 리듬감이 있어 모양이 참 예쁘지. 그리고 중요한 건 씨앗이 많이 들었다는 거야. 씨앗을 자손으로 생각한 고려인들은 자손이 많기를 바라서 참외 모양의 청자를 많이 만들었어.

참외 모양 청자

고려가 청자 생산은 중국보다 느렸지만 색깔만큼은 '천하제일의 신비스런 색'이라는 인정을 받았지. 비취색의 신비스러움은 아무나 낼 수 없는 것이거든. 흙에는 여러 가지 성분이 들어 있는데 그중에서 철분이 얼마나 들어 있는가가 청자의 색깔을 결정지었어. 너무 많이 들어 있으면 붉은 빛이 강하고 너무 적으면 녹색이 되어 버리지.

철분이 딱 3%가 들어 있는 흙이어야 하고 불의 온도도 잘 맞춰져야 신비스런 비취빛이 나오는 거래. 그래서 도자기를 흙과 불이 빚은 예술이라고 하는 거지. 고려 도공들은 우리 흙과 우리 나무에 대

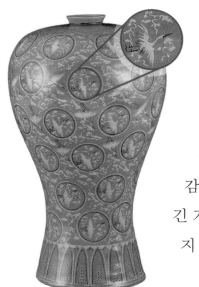

청자상감 구름학무늬 매병

해 기가 막히게 잘 알았어. 그래서 그 누구도 흉내 내지 못하는 천하제일의 비색을 만들어 냈단다.

그런데 문화적 자부심이 강했던 고려는 중국 청자를 뛰어넘는 청자 개발에 온 힘을 기울였어. 그 노력으로 독특하고 아름다운 청자상감을 만들어냈지. 청자상감이란 청자에 그림을 새긴 거야. 청자는 바탕 색깔이 강해 그림이 잘 드러나지 않기 때문에 다른 나라에선 만들려 하지 않았대. 그런데 고려의 도공은 청자의 표면을 파내어 다른 색깔을 입히는 획기적인 방법을 생각해 냈어! 그렇게 새겨진 무늬가 잘 보이도록 유약도 최대한 얇게 발랐지. 고려 도공들은 유약의 성질도 잘 알아서 투명한 유약을 만들 수 있었거든. 청자상감은 청자의 본고장인 중국을 능가하는 고려만이 가진 독창적인 기술이었어. 도자기 역사의 한 부분을 우리 고려가 만든 거라고! 어때, 또 한 번 어깨가 으쓱해지지?

이 아름다운 청자가 바로 상감청자야. 푸른 바탕에 구름 속을 나는 고고한 학을 새긴 매화꽂이병이라고 하지. 구름과 학의 몸은 흰색으로 다리와 부리 그리고 눈은 검은색을 넣었어. 그리고 원의 테두리도 흰색과 검은색을 함께 넣었지. 두 가지 색깔을 어떻게 낸 것인지 그림을 보면서 알아볼까?

이 청자를 돌아가면서 보면 수십 마리의 학이 하늘을 나는 듯한

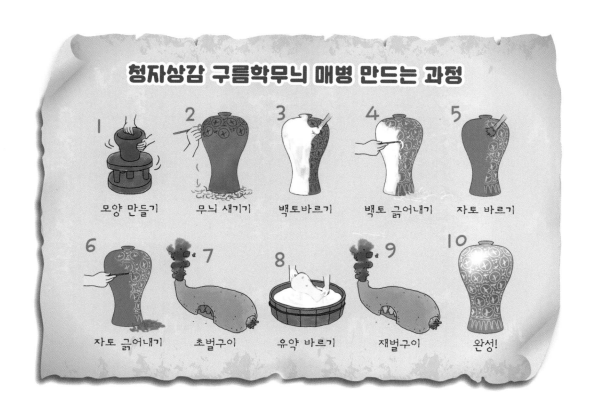

청자상감 구름학무늬 매병 만드는 과정

1 모양 만들기
2 무늬 새기기
3 백토바르기
4 백토 긁어내기
5 자토 바르기
6 자토 긁어내기
7 초벌구이
8 유약 바르기
9 재벌구이
10 완성!

착각이 든단다. 그런데 원 안에 있는 학하고 원 밖에 있는 학하고 다른 점이 있어. 찾아보렴!

이 청자는 모란 무늬를 넣은 표주박 모양의 주전자야. 생긴 모습이 참으로 완벽하지? 고령토로 빚은 그릇이 1200도의 온도에서 견디며 저 모양을 유지하고 저 빛깔을 냈다는 것이 내가 봐도 참 신기해! 고려의 도공은 정말 흙과 불에 대해선 박사였나 봐.

이런 모든 생활용품들이 다 청자로 만들어졌어. 그

청자상감 표주박 모양 주전자

그 외 생활 도자기들

내가 가장 오래된
고려의 먹이야.

청주 명암동 출토
고려 먹

런데 청자는 귀족들이 많이 쓴 그릇이라 도자기를 구워야 했던 도자기 소(所)의 도공들은 엄청 힘들었지. 귀족들이 사치스러워질수록 더 많은 청자를 요구해서 정말 고통스러워했단다.

글과 그림을 즐겼던 귀족들을 위해 먹을 만들던 소도 힘들기는 마찬가지였어. 옆에 있는 먹은 이제는 보물이 된 고려의 송연묵이란다. 주로 소나무를 태울 때 생기는 그을음을 긁어모아 아교를 섞어 만들었지. 송연묵은 향기가 좋고 먹색도

고운데 이 먹으로 쓴 글씨는 천년을 간
대. 오래되면 푸른 기운이 돌아 신비
하기까지 했다더라.

나전칠기 함

하지만 소나무를 얼마나 많이 태
우고 그을음을 얼마나 많이 긁어모아
야 먹 하나를 만들 수 있었을까? 소나
무 연기는 매캐해서 숨쉬기도 어렵고 얼굴과 손은 숯검댕이가 되어
누군지 알아보기도 힘들었을 거야. 그래서 이인로라는 관리는 공암
촌에 수령으로 갔다가 해마다 5000개의 먹을 만들어야 하는 백성들
을 보고 탄식을 했대. 세상에 흔한 것이 먹인 줄 알았는데 만드는 과
정이 어찌나 어렵던지 천금보다 귀하다는 걸 깨달았다고 했지. 이렇
게 힘이 들어서 향, 소, 부곡의 백성들이 차별을 없애달라고 제일 먼
저 봉기를 일으켰나 봐.

위에 있는 나전칠기는 나무에 조개나 전복의 속껍질로 무늬를 만
들어 붙이고 옻칠을 한 거야. 고려의 나전칠기는 정교하고 아름다워
서 송나라 사람들이 갖고 싶어 했던 고려 명품이었지.

묘청의 난을 진압한 김부식은 인종의 명을 받아 삼국의 역사를 기
록한 『삼국사기』를 썼어. 삼국의 역사를 알 수 있는 정확하고 귀중한
기록이지만 유학을 공부한 사람이라 믿을 수 없는 이야기는 빼 버렸
지. 그래서 고조선의 신화는 싣지 않았단다.

하지만 일연 스님은 몽골의 침략을 받았던 때에 백성들의 자긍심
을 일깨우기 위해 『삼국유사』에 고조선의 신화를 남겼어. 고조선 신

『삼국사기』

『삼국유사』

『제왕운기』

화는 우리가 얼마나 오래된 역사를 함께한 사람들인지 보여 주는 이야기잖아? 지금까지 전해져 우리가 누구인가를 알게 하는 귀중한 기록이 되었지.

아, 고조선의 신화를 멋진 시로 남긴 학자도 있었는데 이름이 이승휴였어. 이 사람은 『제왕운기』라는 책을 써서 몽골에 시달리는 고려인들을 위로하고 싶었나 봐. 우리는 모두 단군의 핏줄을 이은 귀한 사람들이며 우리가 짓밟힌 것은 고작 땅덩이일 뿐이니 낙심하지 말라고 했지. 그러니 힘을 합쳐 어려움을 이겨내고 위대한 역사를 영원히 이어가자는 가슴 뛰는 이야기도 했단다. 한 마디로

"고려인 힘내!"

였다고나 할까.

오른쪽 그림은 비록 실패했지만 개혁의 꿈을 펼쳤던 공민왕과 노국 공주를 그린 거야. 이 한 장의 그림이 고려와 조선이 크게 달랐다는 걸 보여 주고 있는데 무엇인지 짐작이 가니?

조선에선 부부가 함께 그림에 등장하는 일은 없었어. 왜냐하면 조선은 성리학을 강조한 나라여서 남녀 차별이 심했거든.

그러나 고려에서는 아들과 딸을 차별

공민왕과 노국 공주

하지 않았고, 딸도 부모 제사를 모실 수 있었기 때문에 재산도 나누어 주었어. 오히려 남자들이 장가들어 처가에 살며 도움도 받아서 딸을 더 귀하게 여겼지. 남녀가 자유롭게 만나고 재혼하는 것도 흉이 아니었어.

충렬왕 때 재상 박유가 고려는 남자가 적으니 첩을 두게 해달라는 상소를 올렸어. 그렇게 해서라도 인구를 늘리자는 이야기였지. 그런데 아내들이 두려웠던 관리들이 반대하여 뜻을 이루지 못했대. 이 일은 고려 여인들에게 빠르게 전해졌어.

그러자 거리에서 박유를 본 여인들이

"첩을 두자고 한 늙은이다."

하면서 손가락질을 했다는구나.

박유는 첩 이야기를 꺼냈다가 고려 여인들의 공공의 적이 됐던 거야. 조선 같았으면 어디 아녀자가 하늘같은 남자에게 손가락질을 하느냐며 몽땅 관가로 잡혀 갔을 테지? 그만큼 고려 여인들의 지위는 조선보다 높았다는 이야기야.

이 무덤은 공민왕과 노국 공주의 무덤이야. 부부가 나란히 사이좋게 묻혀 있지? 저 무덤 사이에는 구멍이 뚫려 있어 두 사람의 혼이 드나들 수 있도록 했다는구나. 살아서 다 나누지 못한 정을 나누라는 뜻이었나 봐.

이런 고려의 무덤 양식은 조선에 그대로 전해져 조선의 왕과 왕비들도 이 무덤 양식으로 묻혔어. 조선은 공민왕 이후의 왕들은 인정하지 않았지만 공민왕만은 조선의 종묘에 모셨지. 비록 왕 씨를 다 몰

공민왕과 노국 공주 무덤

아내고 조선을 열었지만 그 뿌리는 고려에 두고 있다는 뜻일 거야.

이쯤에서 화려한 개경의 문화와 소박한 지방의 문화가 어우러졌던 고려의 문화재 이야기를 끝낼게. 그런데 이 말은 꼭 기억해 주렴. 고려 문화재를 보면 세 번 놀라게 된다는 거 말이야.

한 번은 그 화려함과 독특함에 놀라지. 금빛으로 빛나던 불화를 다시 떠올려 보면 고개가 저절로 끄덕여질걸? 신비한 비색을 내는 청자와 무늬를 새긴 상감청자의 독특한 아름다움은 또 어떻고! 두 번째는 아주 과학적이라는 데 놀라지 않았니? 팔만대장경과 장경판전 그리고 최초의 금속 인쇄물인 『직지』가 그 증거품이잖아. 그리고 이 문화재들이 세계적으로도 인정받은 최고의 예술품이라는 게 놀랍고도 자랑스럽지. 우리 고려인들은 이렇게 뛰어난 문화를 일군 사람들이었다고!

어이, 세 번 놀라 눈이 똥그래진 친구들! 나는 이제 강진으로 돌아갈게. 그곳이 내 고향이니까. 다들, 안~녕!

그렇군, 어제 우리 선생님이 고려의 금속 기술에 대해서 말씀 하시다 직지라는 책이 우리나라가 아닌 프랑스 국립도서관에 있다고 하시더라. 애들은 우리나라 박물관에 가면 보는 줄 알았다가 깜짝 놀랐지 뭐야?

직지?

어머, 너 대충 읽었구나. 고령토가 부처님과 스님들의 가르침을 적은 책이라고 하지 않았어? 금속활자로 찍은 세계에서 가장 오래된 책!

아하, 그래. 생각났다. 서양보다 78년이나 앞섰다는 그 책 말이지?

어라, 78년이나 앞섰다는 건 기억하네?

내가 워낙 숫자에는 강하잖아. 그런데 그 보물이 왜 프랑스에 있다는 거냐?

조선 시대 말인 100년 전에 우리나라가 힘도 약하고 참 어수선했대. 그때 프랑스 초대 공사 콜랭 드 플랑시라는 사람이 직지를 사 가지고 간 거래.

뭐? 꼴랑 뭔가 하는 사람이 사 가지고 갔다고? 그런 보물을 누가 팔았는데?

그러게 말이야. 판 사람도 세계적인 보물이 될 줄은 꿈에도 몰랐겠지, 뭐. 그래서 우리 반에선 '직지는 어디에 있어야 할까?'라는 주제로 토론을 벌이기로 했어.

당연히 우리나라, 대한민국에 있어야 하는 거 아냐?

우리가 만든 거니까 우리는 당연히 그래야 할 거 같은데 그게 아닌 거 같아. 16만 점이 넘는 우리 문화재들이 세계 여러 곳에서 떠돌고 있는데 돌려받기가 아주 어렵대. 그것도 확인된 것만 16만 점이고 개인이 몰래 가지고 있는 것은 더 많을 거래.

너, 지금 16만 점이 넘는다고 했냐? 그것도 확인된 것만? 에이, 잘못 들은 거겠지.

아니, 그건 사실이란다. 우리나라가 어려움을 겪을 때마다 우리의 문화재도 수난을 당했지. 전쟁 때는 약탈당하기도 하고 일본에게 강제 점령당했을 땐 눈 뜨고도 빼앗겼어. 6.25전쟁 때도 마찬가지였단다.

아~ 네. 그런데 할머니는 누구세요?

나는 박병선이란다.

아~ 그, 그 직지와 외규장각 의궤의 어머니 박병선 할머니시

죠? 어제 우리 선생님이 말씀해 주셨어요. 프랑스 도서관의 연구원으로 있으면서 직지를 찾아내고 의궤도 돌려받는 데 큰 공을 세우셨다고요. 그런데 여기서 뵙다니 정말 반갑습니다. 꾸벅!

으응, 나를 알고 있다니 정말 반갑구나. 그런데 직지와 외규장각 의궤의 어머니라니 과분하다는 생각이 드는데……. 의궤는 되돌려 받았지만 직지는 프랑스 도서관에 있다는 걸 확인했을 뿐인데?

저, 그런데 의궤가 뭔지…….

1866년 프랑스가 강화도로 쳐들어와 조선 왕실 도서관인 외규장각의 도서들을 훔쳐갔지. 그 도서들 중에 왕실 행사를 그림과 글로 자세하게 적은 아름다운 책이 의궤란다.

그런데요, 할머니! 의궤가 하마터면 버려질 뻔했다면서요? 게다가 면도칼로 한쪽이 잘려 나갔다고 들었어요.

그렇단다. 폐지로 분류되어 먼지를 잔뜩 뒤집어쓰고 있었지. 그래서 그걸 한국에 알려 반환 운동을 벌였는데 프랑스 국립도서관 사람들이 나를 도서관의 비밀을 퍼트린 배신자로 보더구나. 의궤의 가치를 뒤늦게 안 도서관 사람들은 쉬쉬하며 수선을 하고 꽁꽁 숨겨 두려 했어. 끝내는 나를 내쫓더니 의궤 한쪽을 가져간 범인을 찾아야 한다며 열람도 못하게 막았지.

에이~ 참 치사하네. 그래서 어떻게 하셨어요?

의지의 한국인답게 몇 달을 하루도 빠짐없이 열람을 신청하고 또 신청했지. 그러자 다정한 동료였던 사람들이 나하고 눈길도 마주치지 않더구나. 서럽고 슬펐지만 나는 우리의 귀한 문화재를 되찾아야 한다는 생각만 했단다. 결국 10년에 걸쳐 의궤의 목록과 내용을 다 정리했지.

와아~ 박병선 할머니 만세! 너무 멋져요.

너희들이 그렇게 말해 주니 고맙다만 의궤를 되돌려 받는 데 34년이나 걸렸는걸?

할머니, 다른 나라에 나가 있는 우리 문화재를 돌려받는 게 그렇게 어려운 거예요?

그렇단다. 고려의 문화재인 게 분명한데도 직지는 돌려받지 못하고 있고 외규장각 의궤도 145년 만에야 돌아왔는데, 프랑스 사람들이 우리나라에게 빌려주는 방식으로 돌아와야 했으니까.

우리가 주인인데 프랑스가 빌려주는 거라고요? 헐~ 도무지 이해가 안 되네…….

5년마다 우리가 프랑스에게 빌려 달라고 해야 하는 대여 방식은 소유권이 프랑스에 있다는 이야기지. 의궤를 대한민국의 것으로 인정하고 완전히 돌려주는 게 아니란다.

말도 안 돼요! 의궤는 조선 왕실 행사를 기록한 거니까 우리 것이 분명하잖아요? 그리고 강화도를 침략했을 때 훔쳐간 것도 분명하잖아요? 설마 그 보물을 그냥 줬겠어요? 에이, 순 도둑…… 끄응…….

그런데 직지는 대여 방식으로도 돌려받지 못하는 거예요?

출판 문화는 인류가 발명한 가장 위대한 유산이라 하는데 직지는 금속활자로 찍은 세계에서 가장 오래된 책이잖니? 유네스코도 인정한 세계적인 유산이니 프랑스는 보물 중의 보물인 직지를 더 돌려주려 하지 않는 거지.

진~짜 어이가 없네. 남의 나라에서 만든 걸 왜 제 나라 도서관에 두겠다는 거죠?

약탈당한 것이 분명한 문화재는 되돌려 받을 방법이 있지만 직지는 돈을 주고 사간 것이기 때문에 더 돌려받기가 어려운 거란다. 그리고 그곳에서 잘 보관하고 있다면 돌려받기는 더 힘들어지지.

우리는 직지의 가치도 모르고 팔았는데~ 프랑스는 직지의 가치를 알아서 잘 보관하고 있다, 뭐 그런 거예요?

글쎄다? 동양 문화에 관심이 많았던 플랑시가 표지에 '1377년 금속활자로 인쇄된 가장 오래된 한국 인쇄본'이라 적어 놓은 걸로 봐선 책의 가치를 알았던 거 같구나. 하지만 내가 프랑스 박물관의 서고에서 직지를 발견했을 때는 보관이 잘 되어 있었다고는 볼 수 없었지. 원래 직지는 상, 하권으로 두 권인데 그 중 하권만 책장이 떨어져 나간 채 한쪽 구석에 파묻혀 있었으니까.

헉, 세계적인 문화재가 구석에 파묻혀 있었다고요? 그렇다면 잘 보관한 것도 아니잖아요?

할머니가 직지를 발견할 때까지 프랑스는 직지가 보물인지도 몰랐다면서요?

그래, 그랬지. 내가 서고에서 직지를 발견하고 금속활자로 인쇄된 책이라고 하자 도서관 측에서는 믿을 수가 없다고 하더구나. 한국같이 작은 나라에서 금속활자를 만들어냈을 리가 없다는 거였지. 그래서 금속활자의 특징을 찾아 증명해 보이면 믿어주겠구나 싶어서 금속활자로 찍은 것과 목판으로 찍은 게 다르다는 걸 밝히려고 별별 실험을 다 했단다.

실험을요? 아니 어떻게요?

직지의 글자를 복사해서 벽에 붙여 놓고 감자나 지우개 또는 나무와 돌멩이에 글자를 새겨 찍어 보면서 금속활자와 무엇이 다른지 그걸 찾으려 했지. 점토에 글자를 새겨 오븐에 구울 땐 터지는 바람에 집에서 쫓겨날 뻔했어. 부엌 유리창이 다 깨져 버렸거든. 그러다 5년 만에 금속활자의 특징을 찾아냈단다.

아니, 도대체 프랑스 도서관은 뭘 한 거죠? 할머니 혼자서 연구를 다 하신 거네요. 그런데 금속활자의 특징이 뭔데요?

금속활자로 만든 책엔 똑같은 모양의 글자가 반복해서 찍혀 있었어. 그건 한 번 만든 글자를 책을 만들 때마다 판에 다시 넣고 찍어서 그런 거란다. 하지만 목판의 글자는 같은 글자라도 똑같은 모양은 없었고 칼자국도 보였는데, 금속활자에는 그런 게 없었지.

직지에서 날 일(日) 자가 거꾸로 찍힌 것이 몇 군데서 발견됐는데 그건 판을 새로 만들 때 실수를 해서 그런 거란다. 목판에서

금속활자

나무활자

는 절대 나올 수 없는 실수라서 그것이 금속활자라는 걸 증명해
주었지. 거꾸로 찍힌 날 일 자가 그렇게 고마울 수가 없었단다.

 헤헤, 정말 고마운 실수네요.

할머니 혼자서 연구를 하시느라 고생을 많이 하셨다고 우리 선
생님이 그러시던데요? 직장도 잃어서 식사도 제대로 못하실
정도였다고…….

…… 고생은 좀 했다만 직지가 가장 오래된 금속활자로 된 책이
란 게 밝혀졌고 세계적인 문화유산이 됐으니 오히려 영광이지.

짝짝짝, 정말 대단하셔요!

그런데, 할머니! 직지를 사가긴 했지만 아무렇게나 두었다니
잘 보관한 것도 아니고 금속활자라는 것도 할머니가 다 밝히셨
잖아요? 그런 건 되돌려 받을 이유가 안 되나요?

1954년부터 여러 가지 협약이 만들어졌는데 약탈이나 도난
이 확실해야만 하고 그것도 증명할 자료가 있어야 돌려받을
수 있지. 게다가 협약이 만들어지기 전의 것은 해당되지 않는
다니…….

어머, 우리 문화재는 그전에 약탈당하거나 도난당한 게 더 많을 텐데 어떻게 해요?

그 방법은 내가 말해줄게. 나는 페루에서 온 호세라고 해.

페~루?

페루는 지금은 힘없고 가난한 나라지만 잉카라는 위대한 문명을 가진 나라였어. 그런데 미국이 마추픽추의 잉카 유물을 가져갔지. 우리 정부와 국민은 조상들의 얼이 깃든 문화재를 되찾아오려고 끊임없이 노력했어. 그래서 100년 만에 4만 6000점을 모두 돌려받았지. 내가 말하고 싶은 건 협약에만 기대지 말고 정부와 국민이 소중한 문화재를 되찾겠다는 뜨거운 마음과 노력이 있어야 한다는 거야. 설득도 하고 협상도 하면서 세계의 사람들에게 호소도 하는 거지. 문화재는 만든 나라의 것이라는 여론이 가장 중요하거든.

잉카 유물

와아~ 호세는 정말 좋겠다! 나는 그리스에서 온 마리아야. 우리나라도 세계적인 문화유산을 많이 가지고 있어. 특히 파르테논 신전은 우리 그리스의 상징이지. 그런데 우리나라가 어려울 때 영국인이 파르테논 신전의 대리석상을 절반 넘게 통째로 떼어갔단다.

통째로? 정말 너무들 한다.

그렇지? 그리스 신화를 대리석에 새긴 귀한 우리 유물이 영국의 대영 박물관에 있는 걸 보고 눈물이 났어. 우리도 문화재 반환 운동을 하고 있는데 영국은 들은 척도 하지 않아. 너무나 답답해서 조선의 의궤처럼 임대 방식으로 돌려달라는 운동을 하고 있지. 그리스인들은 그렇게라도 돌려받아 파르테논 신전을 복원하고 싶어 해. 파르테논 신전의 빈자리를 볼 때마다 마음 아파하거든. 나는 남의 나라 유물을 돌려주지 않는 건 범죄라고 생각해.

영국 박물관의 엘긴마블

그러네. 그리스 국민들을 다 슬프게 만든 아주 큰 범죄네. 얘들아, 이런 생각을 가진 나라끼리 힘을 합치면 어떨까?

와, 이집트의 상형문자다!

이집트 유물 로제타석 ©Reklamer

좋은 생각이야. 내 이름은 무함마드고 이집트에서 왔어. 우리도 유럽의 침략을 받으면서 세계적인 문화재들을 많이 빼앗겼어. 문화재를 가져간 힘 있는 유럽의 나라들은 문화재는 보존과 복원이 더 중요하기 때문에 그런 일을 잘할 수 있는 곳에 있어야 한다고 말하지. 하지만 약탈한 문화재는 어떤 관련도 없는 박물관에 놓여 있거나 창고에서 먼지를 뒤집어쓰고 있는 게 더 많다더라고. 그래서 우리 이집트는 문화재 반환 운동을 열심히 해서 3만 점이 넘는 문화재들이 돌아왔어. 우리는 앞으로도 계속 노력할 거야. 우리의 문화재들이 다 돌아오는 그날까지!

그래, 우리도 무함마드 편이야. 이미 나라가 어려운 때에 문화재를 뺏긴 여러 나라들이 되돌려 받기 위한 국제회의를 열었대. 한국, 중국, 이집트, 그리스, 인도 등 열여섯 나라가 힘을 합쳤다니 좋은 소식이 있을 거야.

마리아! 그리스 신화 대리석상도 하루빨리 파르테논 신전으로 돌아왔으면 좋겠다. 그래야 진짜 의미 있을 것 같아. 우리도 직지와 왕오천축국전을 되찾는 노력을 할 거야. 혜초의 왕오천축국전도 프랑스 박물관에 있거든.

그래! 이제 세계는 문화재가 만들어진 나라에 있어야 한다는 생각으로 기울기 시작했단다. 왜냐하면 문화재에는 그것을 만든 나라의 역사와 사람들의 얼이 깃들어 있기 때문이지. 그러니 암만 문화재를 잘 복원하고 보존하는 기술이 있대도 만든 나라만큼 사랑할 순 없는 거란다. 관련이 없는 곳에 있으면 그냥 값비싼 물건일 뿐이지.

할머니는 우리의 귀중한 문화재를 지키시려고 일생을 바치셨잖아요. 정말, 정말 감사합니다.

딴지양, 직지에 대한 발표를 멋지게 해줘요.

옙!

※ 오늘 토론방에 모인 아이들은 뭉치가 제공한 통역기로 소통에 전혀 문제없이 이야기를 나눴음을 알려드립니다.

*박병선 할머니는 50여 년 평생을 직지의 존재를 밝히고 의궤를 되돌려 받는 데 바치셨어. 머나 먼 남의 나라에서 홀로 경제적인 어려움을 겪으면서도 결코 물러섬이 없으셨지. 2011년 4월 14일 마침내 의궤는 서울로 되돌아왔지만 그 해 11월 23일 할머니는 직장암으로 파리에서 돌아가셨어. 유골을 바닷가에 뿌려 달라는 유언을 남기셨는데 멀리 멀리 흘러 언젠가는 내 나라 바닷가에 다다르길 바라신 거야. 그렇게라도 조국에 영원히 있고 싶으시다 하셨대. 그 소원은 이루어져 국립 현충원 충혼당에 모셔졌지.

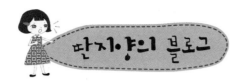

직지가 빛나는 곳

오늘 사회 시간에 '직지는 어디에 있어야 할까?'라는 주제로 토론을 했는데 아이들은 모두 우리가 만든 것이니까 우리나라에 있어야 한다고 말했다. 그러자 선생님이 그런데 왜 프랑스는 돌려주지 않는 것인지, 돌려받으려면 어떻게 해야 되는지 물으셨다. 아이들은 입을 다물고 서로 눈치만 살피고 있었는데 나는 '이때다' 싶어 손을 번쩍 들었다.

직지는 프랑스가 정당하게 구입한 것이고 인류의 문화유산으로 잘 보존하고 있기 때문에 돌려받기 힘들지만 정부와 국민이 한마음으로 되찾겠다는 노력을 하면 언젠가는 직지가 우리나라로 돌아올 수 있다고 말했다. 그리고 직지가 우리나라에 있어야 하는 까닭은 단순히 우리가 만든 것이어서가 아니라 목판 인쇄부터 금속 인쇄까지 이어진 역사가 우리에게 있기 때문이라고도 했다. 가장 오래된 목판 인쇄본인 무구정광대다니경부터 가장 오래된 금속활자본인 직지가 한 자리에 있으면 출판 문화의 역사를 한 눈에 볼 수 있기 때문에 더 의미가 있고 빛날 것이라고 하자, 선생님과 아이들은 마치 아이돌 공연이나 본 것처럼 박수와 환호를 보냈다.

오늘은 완벽하게 나, 딴지양의 날이었다!

IS

IS-Islamic State(이슬람 국가)를 내세운 무장
단체로 끔찍한 테러를 많이 저지르고 있어.

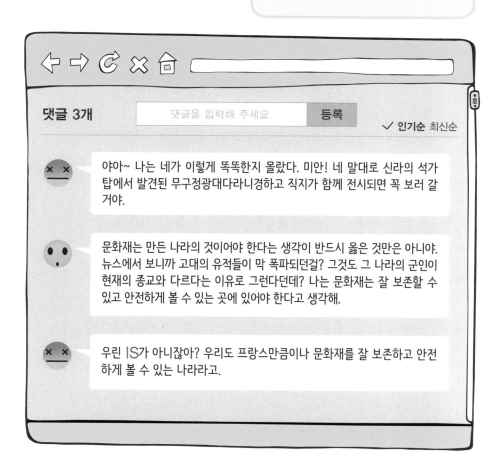

← → ↻ ✕ ⌂

댓글 3개   댓글을 입력해 주세요.   **등록**

✓ **인기순** 최신순

야아~ 나는 네가 이렇게 똑똑한지 몰랐다. 미안! 네 말대로 신라의 석가탑에서 발견된 무구정광대다라니경하고 직지가 함께 전시되면 꼭 보러 갈거야.

문화재는 만든 나라의 것이어야 한다는 생각이 반드시 옳은 것만은 아니야. 뉴스에서 보니까 고대의 유적들이 막 폭파되던걸? 그것도 그 나라의 군인이 현재의 종교와 다르다는 이유로 그런다던데? 나는 문화재는 잘 보존할 수 있고 안전하게 볼 수 있는 곳에 있어야 한다고 생각해.

우린 IS가 아니잖아? 우리도 프랑스만큼이나 문화재를 잘 보존하고 안전하게 볼 수 있는 나라라고.

직지는 우리 것

나는 왜 직지가 프랑스에 있어야 하는지 정말 모르겠다. 프랑스 사람이 정당하게 값을 치렀다지만 직지가 값으로 따질 물건이 아니란 걸 처음부터 알았을 거다. 남의 나라 보물을 헐값에 가져가다니 참 치사하다. 그것도 외교관이!

그리고 먼지를 뒤집어쓰고 있던 직지를 발견하고 그것이 금속활자본이라는 것을 증명한 것도 프랑스가 아닌 우리나라의 박병선 할머니다. 할머니가 아니었다면 프랑스는 직지가 있는지도 몰랐을 거다. 약탈한 문화재의 역사와 한자도 잘 모르면서 보존과 복원 기술이 우리보다 뛰어나다고 우기다니 어이가 없다. 왜냐하면 의궤도 창고에 쌓아 두었다가 버리려고 하는 걸 박병선 할머니가 찾아내셨고, 보관도 잘 못해서 한 장이 찢겨 나갔기 때문이다.

직지는 고려의 기술로 만든 것이고 그 가치를 증명한 것도 한국 사람이다. 그리고 복원하고 보존하는 것도 우리는 이제 잘할 수 있다. 100년 전의 뒤떨어진 나라가 아니니까! 그러니 직지는 우리 곁으로 돌아와야 한다.

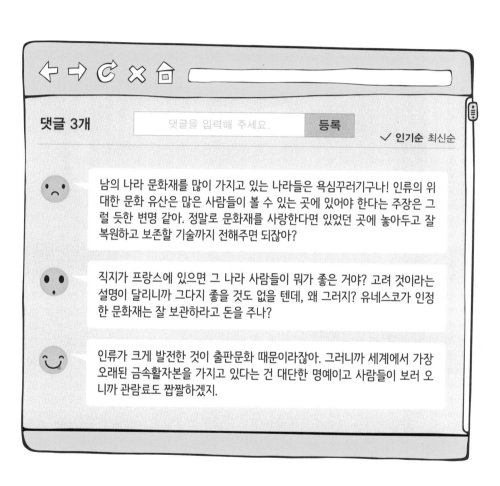

댓글 3개

댓글을 입력해 주세요.   등록

✓ **인기순** 최신순

🙁 남의 나라 문화재를 많이 가지고 있는 나라들은 욕심꾸러기구나! 인류의 위대한 문화 유산은 많은 사람들이 볼 수 있는 곳에 있어야 한다는 주장은 그럴 듯한 변명 같아. 정말로 문화재를 사랑한다면 있었던 곳에 놓아두고 잘 복원하고 보존할 기술까지 전해주면 되잖아?

😮 직지가 프랑스에 있으면 그 나라 사람들이 뭐가 좋은 거야? 고려 것이라는 설명이 달리니까 그다지 좋을 것도 없을 텐데, 왜 그러지? 유네스코가 인정한 문화재는 잘 보관하라고 돈을 주나?

🙂 인류가 크게 발전한 것이 출판문화 때문이라잖아. 그러니까 세계에서 가장 오래된 금속활자본을 가지고 있다는 건 대단한 명예이고 사람들이 보러 오니까 관람료도 짭짤하겠지.

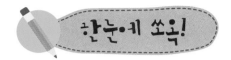

고려 문화재들이야

고려의 문화재는 전국 곳곳에 퍼져 있어. 지방 문화도 발달했기 때문이야. 아름다운 문화재들을 지도로 확인하고 청자들의 이름도 맞혀 보렴!

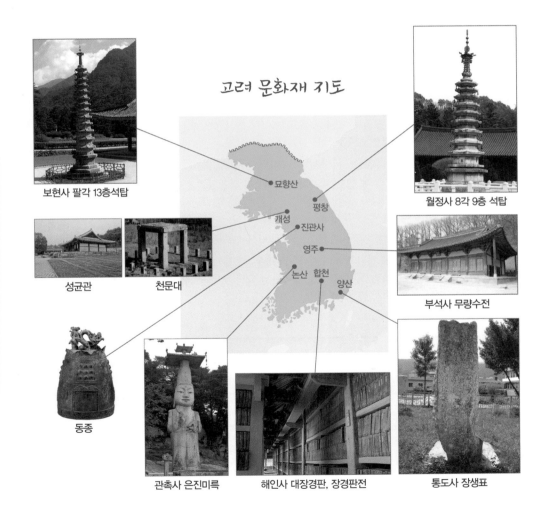

고려 문화재 지도

보현사 팔각 13층석탑

월정사 8각 9층 석탑

성균관

천문대

부석사 무량수전

동종

관촉사 은진미륵

해인사 대장경판, 장경판전

통도사 장생표

문화재 작명소

문화재에도 이름이 있어. 불상은 출토지-만든 재료-모양 순으로 이름을 붙이고, 탑은 출토지-모양-층수-재료 순으로 이름을 붙인단다. 고려청자의 이름은 색-기법-무늬-형태나 용도 순으로 지었어.

그럼 아래 청자들의 이름을 찾아 번호를 써보자. 어때, 찾기 쉽지?

❶ 청자상감 구름학무늬 매병
❷ 청자 다완
❸ 청자투각 칠보무늬 뚜껑 향로
❹ 청자 용머리 장식 붓꽂이
❺ 청자상감 표주박 모양 주전자
❻ 청자투각 좌대
❼ 청자 오리 모양 연적
❽ 청자 구름학무늬 베개

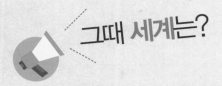

그때 세계는?

문화재로 본 세계의 종교들이야

사람들은 자신들이 만든 문화재 속에 그 시대의 특징이나 꿈을 담는단다. 중세 시대 건축물을 보면서 각 종교가 담고 있는 그 시대 사람들의 꿈을 알아볼까?

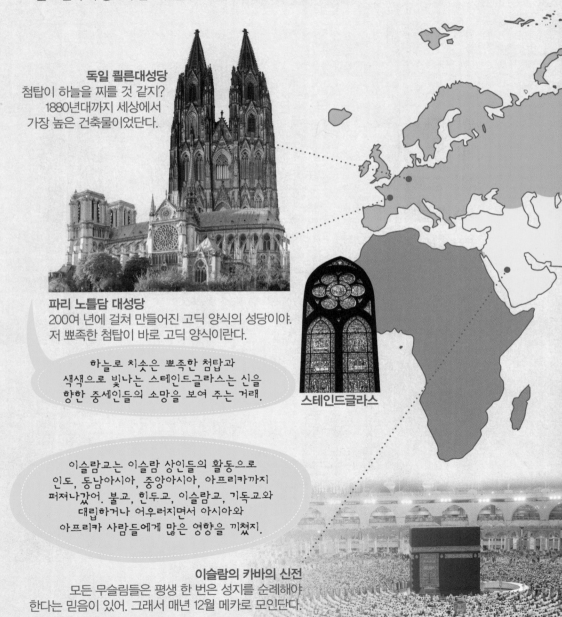

독일 쾰른대성당
첨탑이 하늘을 찌를 것 같지?
1880년대까지 세상에서
가장 높은 건축물이었단다.

파리 노틀담 대성당
200여 년에 걸쳐 만들어진 고딕 양식의 성당이야.
저 뾰족한 첨탑이 바로 고딕 양식이란다.

하늘로 치솟은 뾰족한 첨탑과
색색으로 빛나는 스테인드글라스는 신을
향한 중세인들의 소망을 보여 주는 거래.

스테인드글라스

이슬람교는 이슬람 상인들의 활동으로
인도, 동남아시아, 중앙아시아, 아프리카까지
퍼져나갔어. 불교, 힌두교, 이슬람교, 기독교와
대립하거나 어우러지면서 아시아와
아프리카 사람들에게 많은 영향을 끼쳤지.

이슬람의 카바의 신전
모든 무슬림들은 평생 한 번은 성지를 순례해야
한다는 믿음이 있어. 그래서 매년 12월 메카로 모인단다.

고려 불화 - 수월관음도
비단에 채색을 하여 관음보살을 그렸단다.
정말 아름답지?

불교는 인도에서는 쇠퇴했지만
동북아시아(송나라, 원나라, 고려, 일본)와
동남아시아로 전파되어 전성기를 누렸어.
불교는 왕실의 보호를 받아 탑과 불상이 만들어졌지.
불교 건축물은 자연과 어우러져 무척 아름답단다.

중국 보타산 보제사(송나라 시절 건축한 불교 사찰)
300여 칸의 집과 8.8미터 높이의 관음보살상이 모셔져 있어.

캄보디아 앙코르와트
힌두교 사원이야. 힌두교는 부처도 예수도 자신들의 신으로 만들며 사람들
에게 스며들었지. 불교가 유행하면서 사원 곳곳에 불상도 만들었단다.

🎴 연표 🎴

찾아보기

참고한 책들과 사진 출처

〈참고한 책들〉

• 어린이 책

고려 시대의 주요 인물 / 한국휘밍웨이
아름다운 위인전 / 한겨레아이들
불과 흙의 아이 변구, 개경에 가다 / 사계절
직지와 외규장각 의궤의 어머니 박병선 / 글로연

몽골군에 맞서 대장경판을 지켜라 / 비룡소
역사를 담은 토기 / 한겨레아이들
첩자가 된 아이 / 푸른숲주니어

• 어른 책

후백제 진훤대왕 / 주류성
새로 쓴 500년 고려사 / 푸른 역사
고려사의 재발견 / 휴머니스트
인물로 보는 고려사 / 시아
한국사를 보다 / 리베르스쿨
고려 시대 사람들은 어떻게 살았을까 / 청년사

백지원의 고려왕조실록 / 진명출판사
우리가 몰랐던 개방의 역사 / 다솜커뮤니케이션
개경의 생활사 / 휴머니스트
종횡무진 한국사 / 그린비
살아 있는 역사 문화재 / 사파리
한국생활사박물관 / 사계절

〈사진 출처〉

국립중앙박물관
문화재청
한국관광공사
연합뉴스
디라이브러리
셔터스톡
위키미디어
위키백과

뭉치는 이 책에 수록된 사진이나 자료의 출처와 저작권자를 찾기 위해 최선을 다했습니다.
혹시 문제가 있다면 언제든지 연락 주시기 바랍니다.